Christoph Schweitzer

Reise nach Java und Ceylon
1675-1682

Reisebeschreibungen von deutschen Beamten und Kriegsleuten
im Dienst der Niederländischen West- und Ost-Indischen
Kompagnien
1602-1797

**Schweitzer, Christoph: Reise nach Java und Ceylon 1675-1682 –
Reisebeschreibungen von deutschen Beamten und Kriegsleuten
im Dienst der Niederländischen West- und Ost-Indischen
Kompagnien 1602-1797
Hamburg, SEVERUS Verlag 2010.
Nachdruck der neu herausgegebenen Ausgabe, Haag 1931 [1680].**

ISBN: 978-3-942382-64-9
Druck: SEVERUS Verlag, Hamburg, 2010

Bibliografische Information der Deutschen Nationalbibliothek:
Die Deutsche Nationalbibliothek verzeichnet diese Publikation in der
Deutschen Nationalbibliografie; detaillierte bibliografische Daten sind
im Internet über http://dnb.d-nb.de abrufbar.

© **SEVERUS Verlag**
http://www.severus-verlag.de, Hamburg 2010
Printed in Germany
Alle Rechte vorbehalten.

Der SEVERUS Verlag übernimmt keine juristische Verantwortung
oder irgendeine Haftung für evtl. fehlerhafte Angaben und deren
Folgen.

SEVERUS
Verlag

INHALT

Vorrede		. . . .	1
Dez. 1676–Jun.		1676 Ausreise	4
Jun.	'76–Oct.	'76 Batavia. Kriegs- und Garnisonsdienst auf Java	20
Oct.	'76–Nov.	'76 Reise nach Ceylon	36
Oct.	'76–Apr.	'77 Dienst in Colombo und Kaltura . .	44
		Allgemeine Beschreibung von Ceylon. Cinghalesen und Malabaren. .	46
		Wie die Holländer Ceylon erobert haben	57
		Von den vierfüssigen Tieren . . .	60
		Vom Geflügel	68
		Von den Wassertieren, Reptilen und Insekten.	69
		Von den Fischen in Meeren und Flüssen. Fischfang	74
		Von der Witterung und von den Winden	79
Apr.	'77–Jan.	'78 Dienst in und um Kaltura	80
Jan.	'78–Nov.	'78 Dienst in Colombo und Malvane. .	84
Nov.	'78–Mrz	'79 Nach dem Norden Ceylons und an der Cormandèlküste	87
Mrz	'79–Febr.	'80 Nach Colombo, Hanwell, Sitavaca und wieder nach Colombo	96
Febr.	'80–	Nach Sitavaca. Fundgrube von Edelstein etc.	105
	–Mrz	'80 Sitavaca. Streithahnen. Elefanten. Erdbeben	110
Apr.	'80–Jun.	'80 Sitavaca. Jagd. Ambassaden nach	

			Kandi. Die Engländer Robert Knox und Stephen Nuttall. . . .	114
Jun.	'80–Nov.	'80	Colombo. Kreuzergeschwader an der Malabarküste	118
Nov.	'80–Dez.	'81	Colombo. Dienst auf dem Löhnungskontor. Hochzeiten in Colombo. Concubinat. Beschreibung der Stadt und der Festung	121
Dez.	'81		Nach Point de Galle. Einschiffung nach Patria	131
Jan.	'82–Sep.	1682	Heimreise via das Kap der guten Hoffnung und die Shetland-Inseln.	135

VORWORT

Wie soviele andere ist auch der Würtemberger Christoph Schweitzer als Soldat nach Indien gegangen. Warum er die Heimat verlassen teilt er nicht mit. Wohl erfahren wir aus seiner Vorrede, dass er die Illustrationen selbst entworfen hat. Er verstand sich also einigermassen aufs Zeichnen. Seine Illustrationen sind nicht gerade alle rühmenswert, aber wenn er ein bischen zeichnen konnte, so hat er gegebenenfalls auch ordentlich schreiben können. Es braucht uns daher nicht zu wundern, dass er (Januar 1678) von seinem Kapitän zu Schreibarbeiten gebraucht und darum „wachtfrei" gemacht wird, dass er (März 1679) seinem Kapitän „mit der Feder" dient, dass er (Dezember 1680) auf dem Löhnungskontor als interimistischer Assistent verwendet wird, dass er sich (Dezember 1681) als Buchhalter einschifft um nach Europa zurückzukehren. Diese Buchhalterschaft ist der Marschallstab gewesen, der ihm das Recht gab sich auf dem Kupfertitel seines Werkes als solchen vorzustellen.

Schweitzer's Reiseerinnerungen gehören, wenn auch nicht im hohen Stil gehalten, zu der flottgeschriebenen Litteratur; sie haben vor den Werken mehrerer unserer Beamten und Kriegsleute das voraus, dass sie wenig oder nichts von früheren Kollegen entlehnen. Im Gegenteil, ein

VORWORT

Grosser unter den niederländischen Autoren, François Va‹ lentyn [1])*, hat ihm eine Episode entlehnt, nämlich wo er (zum Jahr 1680) von einer Gesandtschaft an den Kaiser von Kandi und von zwei aus dessen Gefangenschaft ent‹ flohenen Engländern berichtet. Schade, aber es muss fest‹ gestellt werden: Schweitzer macht sich hier wichtiger als er ist und bringt Valentyn auf falsche Fährte. Die beiden Engländer können niemand anders gewesen sein als Ro‹ bert Knox und Stephen Nuttall, die, aus der Gefangen‹ schaft entflohen, im Oktober 1679 in Aripo ankamen, nicht in Sitavaca, wo Schweitzer damals in Quartier lag. Das lässt sich kontrollieren, und zwar durch die eignen Memoiren von Knox* [2])*, der neunzehn Jahre lang des Kaisers Gefangener gewesen war und im Juni 1681 seine Erinnerungen herausgab. Dass Schweitzer, der selbst auf Ceylon war, über die beiden Flüchtlinge hat reden hören, das lässt sich vernünftigerweise nicht bezweifeln, aber dass er sie im Juni 1680 gesehen, gesprochen und begleitet habe, kann nach Knox' Zeugnis über seine Ankunft in Aripo als widerlegt gelten. Im Übrigen strebt Schweitzer nach einer gewissen oberflächlichen chronologischen Genauigkeit, er ist nämlich recht verschwenderisch mit der Angabe von Daten und Perioden. Er hat nicht damit rechnen können, dass auch das offizielle Tagesregister der Festung Batavia, nach über zweihundert Jahren, durch den Druck bekannt gemacht werden würde. Was für eine Figur Schweitzers*

---

[1]) Fr. Valentyn, Oud en Nieuw Oost‹Indiën, 1724—1726. Über Ceylon s. Bd V 1.

[2]) Robert Knox, An historical Relation of the Island Ceylon, London 1681. Eine ausgezeichnete Neu‹ausgabe von J. Ryan erschien Glasgow 1911 8°.

Daten bei der Vergleichung mit diesem Tagesregister machen, wird aus einigen unsrer Anmerkungen erhellen.

Aber diese Ungenauigkeiten mögen Schweitzer verziehen sein, ist es doch schon aller Ehren wert, dass jemand von seiner Stellung, noch nach Verlauf von Jahren, eine globale Übersicht von seinen Erlebnissen hat geben können.

S. P. L'H. N.

VORREDE

An den nach Standtsgebühr, Hochgeneigten Leser.

Gleich wie kein, oder doch die wenigste Bücher (was materie dieselbige auch immer seyen) herrauß kommen mögen, welche nicht ihre Censuren müssen außstehen, und ungleiche Sentiments darüber gefället werden: Also ist kein Zweiffel es werden sich Leuthe finden, die dieses Wercklein und Reisbeschreibung genugsam Taxiren, und wohl gar vor unnöthig zu trucken aestimiren werden wissen.

Nun ist man gantz nicht in abrede, daß an Ost-Indianischen Reiß- und andern Beschreibungen der Zeit kein mangel, sondern deren zur Genüge von unterschiedlich verständig und erfahrnen Subjectis an den Tag gelegt worden; Worunter sich sonderlich Herr Baldeus, Dapper, Schultz, Strauß, Tavernier, Chardin, Wurffbein, Herport [1] und andere berühmt gemacht, also daß man endlich dieses Tractats wohl hätte entbehren können: So ist auch der Author anfangs nicht willens geweßt, sein Diarium, (so Er in Niderländischer Sprach geschrieben,

---

[1] Gemeint sind: Baldaeus Beschryvinge van Malabar en Choromandel &c., Amsterdam, 1673; Dapper, Asia of beschryving van het Rijk des Grooten Mogols, Amsterdam, 1672; Wouter Schouten, Oost-Indische Voyage &c., Amsterdam, 1676; J. J. Struys, Drie aanmerkelijke en seer rampspoedige Reysen &c., Amsterdam, 1676; J. Chardin, Dagverhaal &c., Amsterdam, 1687; J. S. Wurffbain, Vierzehen-Jährige Ost-Ind. Krieg- und Ober-Kauffmanns-Dienste, Nürnberg, 1686, vergl. Bd. 8 und 9 dieser Sammlung; A. Herport, Newe Ost-Indianische Reißbeschreibung, Bern, 1669, vgl. Band 5 dieser Sammlung.

nachgehends aber zu seiner eigenen Nachricht ins Hochteutsch übersetzt), der Preß zu untergeben.

Dessen allem ungeacht ist dannoch beliebt worden, bemeltes Diarium und Ost-Indianische Reise zum Truck gelangen zu lassen, nicht so wohl der heutig-neubegierig Curieusen Welt, als vornehmlich einiger hohen Patronen und guter Freunde begehren zu erfüllen: So wird auch gleichwohlen der hochgeneigte Leser in diesem Buch ein und anders finden, so in andern dergleichen Reißbeschreibungen wenig oder gar nicht anzutreffen, sonderlich der Singulesisch- (Zyngalesen) Malabarisch- und Ambonesischen Nationen Beschreibung &c. Zu deme der Author der geliebten Kürtze sich beflissen, und nichts geschrieben, als was Er auß selbst eigener Experience glaubwürdig darzuthun weißt; man hat auch nicht vor undienlich erachtet, dieses Wercklein mit einigen Kupffer Figuren, (so von dem Authore selbst entworffen worden) zu ziehren, umb es desto beliebter zu machen. Welches alles der Hochgeneigte Leser zum besten deuten wolle; Welcher schließlich ersucht wird, so güthig zu seyn, die mit eingeschlichene Truck- und andere fehler Großg. zu corrigiren. Er gehabe sich inmittelst wohl, und würdige den Authorem und Verleger der Ehre seiner beharrlichen Gewogenheit, dero Sie Sich schönstens empfehlen.

OST-INDISCHE COMPAGNIE

Es haben vor 50. und mehr Jahren, etliche reiche Kauffleuth und andere von Holland, zu Amsterdam, Enckhausen, Rotterdam, Leiden, Delfft, Horn, Mittelburg und Vlissingen, eine Summa Geldt zusammen geschossen, eine Compagnie gemacht, Schiff außgerüst, Officier, Soldaten und Matrosen angenommen alle Jahr Succurs nachgeschickt, darmit nicht allein Europäische König, als den von Engelland und Portugall, sondern auch unterschiedliche Orientalische Kayser und König, nach und nach bekrieget und bezwungen, dardurch Sie bereits viel reicher worden, als theils Könige seynd, und noch von Tag zu Tag durch menagiren, mehr zunemmen; Es verführen aber heutigen Tags die von etlich darinn gewesten Bedienten, heraußgebrachte Reichthumb und Beuthen, die richtige Bezahlung, und dann, daß man underschiedlicher Nationen seltzame Gestalt, und wunderliche Sitten sehen kan, manchen einfältigen Menschen, welcher auß frembden Landen in Holland kommet, alles was ihme die so genandte Seelen-Verkäuffer (das seynd Leuth, die alle frembde ankommende Persohnen, zu sich in ihre Häuser ziehen, Essen, Trincken, Kleider, ja alles vollauff geben, und so lang auffhalten, biss die Schiff fertig, und das Volck angenommen würd, da führet ein jeder Seelen-Verkäuffer, seine Leuth, so viel er beysamen, 10. 20. auch wohl 30. auff das Ost-Indische Hauß, und lasset sie annemmen, etlich Tag hernach empfanget der Seelen-Verkäuffer, vor seine

Müh und Unkosten, die Persohn seye gleich kurtz oder lang bey ihme gewest, ein transport von 150. fl. und dann zwey Monath-Sold Contant, welches dieselbige Persohn, Soldat oder Bothsgesell, hernach verdienen muß, das transport würd aber ehender nicht bezahlt, als wann es verdient ist, welches Jährlich, wie viel ein jeder von seiner Gage übrig behalten, auff denen Jährlich auß Indien kommenden Büchern zu sehen ist, stirbt aber eine Persohn auff der Rayß, so verlieret der Seelen-Verkäuffer sein transport) vorreden, leichtlich glaubet, ja sie dürffen einem ohne Scheu, einen Hammer und Meisel mitgeben, daß man darmit solle die Diamant von den Klippen kriegen. Da wird freylich manchem, der under den Heydnischen Leuthen sich verheurath, der sich ihre Sitten und Gebräuch gefallen lässet, der von den Christen hinweg- und zu Heydnischen Königen lauffet, der in Trunckenschafft oder bey böser Gesellschafft (welches offt geschiehet) umb das Leben gebracht wird, und auff dergleichen weiß das Leben verlieret, die Seelen verkaufft, dahero solche Menschenfanger nicht unbillich Seelen-Verkäuffer genennt werden; Ich meines theils, habe auch auß Mangel Gelts, bey einem solchen Fuchs mich etlich wochen vor 170. fl. auffgehalten, bey der Ost-Indischen Compagnie, den 15. Novembr. Anno 1675. als so genandten Adelburst, oder Gefreyter, pro 10 fl. Holländische thl. teutschen Gelts, 6. fl. Monatliche Besoldung, auff das Schiff Asia zugehen, und 5. Jahr in dem Orientalischen Land, würcklich zu dienen, Condition genommen, und darauff in

GOTTES NAHMEN

Dec. 1675   Den 1. Decembr. Anno 1675. von Amsterdam in einem kleinen Schiff abgefahren, nacher Dexel [1]), alldar lage die nach

---

[1]) Texel.

Indien zugehen, destinirte Floth, bestunde in Fünff Schiffen, Nahmens, Asia als Admiral, Macassar Vice-Admiral, das Stifft Utrecht als Schaut bey Nacht [1]), Cortgene und Tidor, neben noch viel anderen Engelisch- und Holländischen Krieg- und Kauffmanns Schiffen, verwarteten guten Wind.

Den 2. bin ich, neben andern militairen bey Dexel glücklich ankommen, und auff das Admiral-Schiff Asia gesetzt worden.

Den 3. kamen die Holländische Herren Gewalthabers [2]) mit einem kleinen verguldten Jacht, nahmen Valete, und wünscheten uns Glück.

Den 4. kam der Fiscal, visitirte ob all das angenommene Volck auff den Schiffen seye, befunden sich auff unserm Schiff, ein Oberkauffmann, ein Schiff-Herr, ein Reformirter Pfarrer sampt seiner Frau und vier Kinder, vier Steurleuth, ein Buchhalter, fünff Barbierer, zwey Bothsleuth, zwey Schidleuth [3]), zwey Dispensier, zwey Köch, zwey Constabel, vier Zimmerleuth, drey Kieffer [4]), zwey Segelmacher, zwey Quartiermeister ein Sergant, zwey Corporal, zwey Landspassaten [5]), 150. Soldaten, 93. Bothsgesellen, 9. kleine Knaben die das Schiff alle Tag fegen musten, und ein Profoß, in allem 297. Persohnen; der Fiscal wünschete uns deßgleichen Glück, daß wir bald möchten guten Wind bekommen.

Den 5. kam ein starcker NordWesten Wind, verursachte, daß wir 4. schwehre Ancker, jedes von 3600. lb. zugleich außwerffen müssen, dieser harte Wind continuirte biß.

Den 12. Januar 1676. Die meiste Gefahr ist wegen deß Jan. 1676

---

[1]) Ndl. Schout bij Nacht = Kontre Admiral. (Ndl. Schout = Schulz, Schultheiss).
[2]) Er meint die Direktoren: Bewindhebbers.
[3]) Schieleuth, Unteroffiziere fast wie Bootsleute.
[4]) Küfer.
[5]) Soldaten, Flanköre. Von Portug. anspeçada.

Eyßes gewest, welches mit sehr groß und dicken Stückern von Mitternacht kommend, häuffig daher geschwommen, gegen die Schiff geschlagen, und die Anckerseyl beschädiget, also daß in unserm gehaltenen Schiffs-Rath gut gefunden worden, wann der Wind sich inner 3. Tagen nicht verändere, wir Schiff und Gut verlassen, und auf bey uns gehabten leichten Schiffen, wiederumb nach Amsterdam zufliehen wollen, damit nicht (wie vor 15. Jahren geschehen, als auf einmahl in demselbigen Orth 50. Schiff zugrunde gangen) die Menschen mit den Schiffen versincken.

Den 13. Nachts umb 12. Uhren, veränderte sich der Wind, und kam auß Sud-Ost sehr bequem vor uns, geschah ein Canonschuß auff unserem Admiral-Schiff, wornach sich alle andere, in der Floth seyende Schiff regulieren müssen, bedeutend, daß ein jedes Schiff sein Ancker solle aufwinden und zum außlauffen sich fertig machen.

Den 14. Morgens [1]) frühe segelte erst der Admiral, mit Flacken und Wimpeln, von dem grossen Mast, darnach der Vice-Admiral mit einer Flack von dem fordern oder Vockenmast, hernach der Schaut bey Nagt, mit einer Flackhen von dem hindern oder Bisan [2]) Mast, denen folgeten alle andere gemeine Schiff, durch die Tonnen, von dem Holländischen Wall ab, in die Nord-See.

Den 15. kam ein Fischer von Engelland zu uns, brachte Zeitung, daß bey Calis, in Franckreich, 15. Frantzösische Kriegs-Schiff, 2. Caper und 2. Brander, auff unser Floth lavirten, worauff gleichbalden eines von unsern Jagschiffen, umb gewiße

---

[1]) Das Datum stimmt so ziemlich. Das offizielle Journal des Kasteels Batavia (S. 139 der gedruckten Ausgabe) sagt, dass die Asia am 13ten Januar 1676 in See lief.

[2]) Besan.

kundschafft einzuhohlen, außgeschickt worden, welches den 16. wiederumb zu uns kommen, Zeitung bracht, daß der Feind, auff uns zukomme, deßwegen wir auff die Reede bey Dintz unter die Stück, retirade nahmen [1]), umb behörige Schlag-Ordnung zu machen, welches folgender massen geschehen;

ERSTLICH

1. Sollen alle Capitain, Schiffherrn und Officier, auff die Zeichen und Befelch des Admirals, gute acht haben, und denselben nachkommen.

2. So bald der Feind in Gesicht kam, unsere Floth, in ein halbe Monsform sich stellen soll.

3. Wann bey der Nacht, ein frembdes Schiff, unter unserer Floth verspühret würde, sollen 3. Schüß mit halben Carthaunen zur Nachricht gethan werden.

4. Wann ein Schiff sincken wollte, soll es bey Tag mit einem gelben Fahnen, und deß Nachts mit einer Laternen von dem forderen Mast, ein Zeichen geben.

5. Weilen der Admiral, bey Lebensstraff, sich nicht vermag gefangen, oder sein Schiff auffzugeben, als solle der Vice-Admiral sein getreuer Second seyn.

6. Bey der Nacht solle der Admiral 2. helle Laternen, die andere Schiff aber, nur eine auffstecken, damit man den Admiral erkennen, und ihm nachfolgen könne.

7. In all vorfallender Occasion, sollen die Officier und Gemeine, sich vigilant und dapffer- auch vorgeschriebene so wol als andere Schiffs-Articul, punctklich halten, bey bewuster schwehren Straff.

---

[1]) So zu verstehen: „auf der englischen Reede The Downs (Ndl. Duins) unter den Kanonen der dort befindlichen Schiffe und Kastelle Retirade nahmen".

Den 17. lagen wir still, kam ein Frantzösischer Caper, auff die Engelische Reede, und durch unserige Floth lauffende besichtigte unsere Schiff wol, und gieng wiederumb in See.

Den 18. Morgens früe, lösete der Admiral ein Canon, und ließ ein blauen Fahnen wehen, welches beditten, unter Seegel sich zubegeben, so auch geschehen, mit vielem Canoniren zu Ehren Ihro Kön. Maj. von Engelland; warauff von einem alldar, auff der Insul Wicht[1]), hochligenden starcken Casteel Touvern, welches der Teuffel in einer Nacht solle gebauen haben, wiederumb geantwortet worden.

Den 19. haben wir die Frantzösische Floth, ungefähr 4. Stund weit von uns gesehen, verspührende, daß weilen unserige Floth zu starck, sie wider zuruck, nach Calis kehreten.

Den 20. verliessen wir Engelland und Franckreich, es wird das darzwischen seyende grüne Wasser, der Canal genandt, 96. Meil lang, wir kamen in den Mund von dem Spanischen Meer, das Wasser sihet blaw, wegen unergründlichen Tieffe, gegen Mittag, ließ der Admiral ein weissen Fahnen wehen, und ein Canon lösen, bedeutet, daß alle Capit. Schiffherrn und Buchhalter von dannen unter seiner Floth segelnden Schiffen zu ihme in sein Schiff sollen kommen, welches geschehen; darauff er mit ihnen Valediciret, unter solchem gastriren, ist durch Unvorsichtigkeit, das Schiff Macassar, an unser Schiff Asia, so nahe gekommen, daß sie einander ein nicht geringen Stoß gegeben, dardurch das Schiff Macassar, ein grosses Loch auff der Seiten bekommen, welches füglich widerumb hat können zugeflickt werden, gegen dem Abend seynd unsere Gäst wiederumb

---

[1]) Die Wörter „auff der Insul Wicht" machen die Vorstellung ganz falsch. Man muss sie in Gedanken durchstreichen, da nur Dover und das Kastell von Dover gemeint sind.

nach ihren Schiffen gefahren, und währete das Canoniren auff allen Schiffen die gantze Nacht.

Den 21. Morgens früe seynd unsere Schiff voneinander gescheiden, einige nach West-Indien, Smirna, Spannien, Italien und Portugal, wir aber in Gesellschafft von fünff Schiffen, setzten unsern Cours Sud-West, der Wind war Nord Nord-Ost, sehr bequem.

Den 22. ist unsere Schiffs Volck in 2. Quatir getheilet worden, das eine hieß Princen, das ander Graff Moritz Quartir, wachen umbeinander, jedes 4. Stund, und wird deß Nachts, wann die Wacht auß, von 2 Personen gesungen, damit die andern auffstehen sollen:

> Hier seglen wir mit Gott verheben,
> Gott woll uns unsere Sünd vergeben,
> All unsere Sünd und Missethat;
> Gott wolle unser gutes Schiff bewahren,
> Mit all den Leuthen die darinn fahren,
> Vor See, vor Sand, vor Feuer und Brand,
> Vor dem höllischen bösen Feyand (Feind),
> For allem Quad (böß) uns Gott bewahr [1]).

Und würde diesen Tag der Anfang, mit Rantion außgeben gemacht, nemblich für jede Persohn, alle Wochen 3. pf. zweybachen Brod, ein halb Schoppen Essich, halb so viel Lisbonisch Oel, und täglich 3. Ventausen [2]) voll Brandtenwein ¾ Maß

---

[1]) Diese auf den Schiffen wirklich gebräuchliche Incantation ist eine Abkürzung eines Liedes, das aus den vorreformatorischen Tagen stammt. Andere Strophen haben sogar das neunzehnte Jahrhundert noch überlebt. S. Joh. Knudsen und C. P. Burger, Het Leeskaartboek van Wisbuy, København 1920 und vgl. die Zeitschrift „Het Boek" 1920, p. 102. Ursprünglich ersetzte das Lied, auf den Schiffen, den Angelus der Römisch-Katholischen Kirche.

[2]) Portug. „ventosa" (Franz. ventouse): gläserner Schöpfkopf.

scharpff Bier, darzu Stockfisch, oder Erbis in blossem Wasser gekocht, darüber ein wenig Oel und Essich gegossen ist, deß morgens aber wird außgetheilet, je vor 7. und 7. Personen ein hültzene Schüssel voll gekochte Grütz, ist gleich dem abgegerbten Kernen, Sonn- Dienst- und Donnerstags Mittags wird, Speck oder Fleisch gekocht.

Febr. 1676 Den 23. Jan. biß den 24. Febr. nichts remarquabels, als daß uns die Kälte gäntzlich verlassen, und sahen bißweilen, wie die Fisch einander hin und wieder jagen und verfolgen, insonderheit, wie die fliegenden Fisch in der grösse eines Herings, eines Mußquetenschuß weit fliegen, also ihrem grössesten Feind dem Meer-Schwein Delfin, entkommen, hergegen aber den Meer-Vögeln, Malle Merven [1]) genant, der Lufft bißweilen zur Speiß worden, da sihet man Fisch und Vögel durcheinander fliegen.

Den 25. ist der Berg von Canarien gesehen worden, setzten unseren Cours darnach zu, und kamen den andern Tag nahe bey, befunden, daß wir ihne 60. Stund von fern gesehen, sonsten kan man auff dem flachen Wasser, in die weite nur 5. also in die Runde, Nord, Ost, Sud- und Westen 20. Stund sehen, ist ein Unterscheid, zwischen hohen Bergen und dem flachen Land.

März 1676 Den 26. 27. und 28. guten fortgang und schön Wetter, den 1. Marti morgens frühe, kamen uns 2. Schiff ins Gesicht, mit holländischen Flügeln [2]) und Flackhen, sie lavirten hin und wieder, trauten uns, und wir ihnen nicht, dann ins gemein bey dem Berg von Canarien, oder den gesaltzenen Insuln [3]) türckische Seeräuber sich auffhalten; gegen Mittag nach gehaltenem Kriegsrath, segelte unserer Admiral vorauß umb zu recognosciren, vernahme bald, daß es türckische Seeräuber waren, dar-

---

[1]) Mallemeeuwen: alberne Möven.
[2]) Ndl. Vleugel, bedeutet dasselbe wie Flagge.
[3]) Die Kapverdischen Inseln.

umb wir nicht allein zum schlagen uns fertig machten, sondern auch unsere andere vier Schiff, welche ungefähr ein Stund hinder uns wahren, verwartheten, auch ihnen durch ein Zeichen, zuverstehen gaben, daß sie sich ingleichem wol vorsehen und zum Treffen fertig halten sollten, gegen dem Abend, naherten sie uns, zwar kamen unter unser Geschütz nicht, wir hielten diese Nacht gute Wacht.

Den 2. Morgens gar früh, kam auß Nord-West ein harter Wind, dardurch Mittags umb 12. Uhr wir weder Türcken noch Christen mehr sahen, gegen Abend wurde es wieder still.

Den 3. segelten wir mit gutem Wind unsern Cours, sahen ungefähr 4. Stund hinder uns, ein Schiff, welches durch seinen schnellen Lauff, daß es einer von den gestrigen Türcken seyn muß, erkennet worden, unser Schiffer genandt Peter von der Wüestin [1]), als ein resolvirter See Soldat, sahe, daß er diesem Rauber doch nicht entgehen kondte, ließ seine Segel darnider lauffen, und wartete auff ihn, als wolt er sagen, ich förchte euch nicht, der Assyrische [2]) Türck segelte mit seinen Holländischen halb roth, weiß und schwartzen [3]) Flacken neben uns so hart er kondte, stellte sich als Freund, ließ durch einen Renegaten, das ist ein Christ der türckisch worden, in Niderländischer Sprach fragen, was Schiff und wohin? unser Schiffer befahl dem Conestabeln Feuer zugeben, der sie gleich mit den untersten Stücken mercklich getroffen, daß sie widerumb fort von uns geeilet, und ihre Löcher gestopft.

Den 4. morgens umb 7. Uhr nahete sich dieser Valeck [4]) und stuckreiche Türck widerumb, vermeinte, uns an Boort zu kommen und zu stürmen, wir aber auff unserem Schiff mit 60. $\frac{1}{8}$. $\frac{1}{4}$ und $\frac{1}{2}$ Cartouen wol versehen, wehreten uns, daß der Feind

---

[1]) Ndl. Van der Woestijne.   [2]) Zu lesen: Algyrische.
[3]) Zu lesen: blauen.   [4]) Portug. valente: tapfer?

gegen dem Abend, mit nicht geringem Schaden, abermahlen die Flucht genommen, unserer todten wahren 12. und 20. gequetschte, Soldaten und Bohtsgesellen, welche letztere widerumb geheylet worden, mitlerweil haben die Zimmerleuth, mit stoppen der geschossenen Löcher genug zu thun gehabt.

Den 5. hat unser Pfarrer ein Dancksagungs Predig gethan, daß uns Gott aus deß Tyrannen Händen genommen und so vätterlich bewahret, hernach bedanckte sich der Admiral Schiffherr gegen seinem Volck, vor guten Beystand, und ließ an jeden Tisch ein Maß Spanischen Wein geben.

Den 6. biß den 24. harten Wind und einen schröcklichen Sturm, also daß uns der Tod offt näher, als das Leben ware.

Den 25. noch unter wehrendem Sturm ist der Bothsmann und sein Jung in sodomitischen Dingen ergriffen: und nach gehaltenem Schiffsrecht, durch den Profosen, mit dem Rucken zusamen gebunden, in einen Sack gesteckt, lebendig in See geworffen worden, als der Pfarrer dise beyde Sodomiten ermahnet zur Buß, und daß sie sich zum Tod bereiten sollten, scharpff erinnert, hat der Jung 14jährigen Alters erbärmlich geweint, der Bothsmann aber ein Italiener, 40jährigen Alters, sich willig darein ergeben, vermeldende, wäre besser, daß er allein seiner begangenen Sünden willen, als das gantze Schiffs-Volck, zeitlich gestrafft werde.

Den 26. linderte sich der Wind, haben aber noch seith den 6. diß, keine Höhe der Sonnen nemmen können, dahero auch nicht eigentlich gewußt, wo wir waren.

Den 27. gar still und schön Wetter, befunden, daß wir durch erlittenen Sturm, unter die æquinoctial Linien geworffen worden, ist ein sehr ungesunder Ort, dahero auch meistes Volck auf unserm Schiff, ein Rasend-gleichsam unsinnige Kranckheit überkommen, heut starb unser Pfarrer und vier Soldaten, welche Todten, holländischen Schiffgebrauch nach, ein jeder absonderlich, in ein Teppich oder Tuch [1]), mit 20. oder 30. Pfund Canon Kugeln, zwischen seinen Füssen, durch den Segelmacher eingenehet, und nach verrichtetem Gebett, welches Morgens und Abends gehalten, und darbey auß dem Lobwasser [2]) gesungen wird, in das Meer geworffen worden.

Den 28. noch kein Wind, starb ein Barbierer und 2. Bothsgesellen, und seynd 2. Soldaten ,wegen grosser unerträglichen Hitz, durch Verzweifflung, ins Meer gesprungen, aber beyde, durch behertzte Schwemmers, ins Schiff gebracht worden, einer von ihnen, hat sich bey seinem Schlaffplatz, diese Nacht, an einen Bindfaden aufgehangen.

Den 29. Windstill, starb der gestern ins Meer gesprungene Soldat, wollte durchaus nicht betten.

Den 30. und 31. noch kein Wind, würden ins Meer begraben, unsere Pfarrer 4. Kinder, 4. Barbierer, 1 Zimmermann und 10. Soldaten.

Den 1. 2. 3. und 4. noch Todstill, hatte ein Ansehen, ob wollte das gantze Schiff außsterben, worffen diese 4. Tag hinauß, 1. Steurmann, 2. Zimmerleuth, 1. Serganten, 30. Soldaten und Bothsgesellen.

April 1676

Den 5. hat uns Gott, von disem schwehren Zollstock durch einen lieblichen Wind, auß Westen zu Suden kommend, erlöset, hatten zwar noch viel Krancke, ja so viel gesund Volck nicht, daß wir unsere grosse als Schober [3]) und Marsch-Seegel, könten regiren, segelten mit unsern kleinen Seegeln also fort. Dato würde auf Befelch unsers Oberkauffmanns, einer von denen bey unserm Schiff sich auffhaltenden Raubfischen Hey ge-

---

[1]) Die eigene Hängematte.
[2]) Unverständlich. Vielleicht ist etwas ironisch gemeint.
[3]) Schobersegel: Gross-Segel.

nandt, mit einem grossen Angel, daran zuerfrischen, als wir aber im auffschneiden unsern gestrigen Tags, in das Wasser geworffenen Serganten, in seinem Leib noch unverzehrt und gantz widerumb gefunden, hat niemand von dem Fisch zu essen begehrt, und haben beyde, den todten Menschen und Fisch in See geworffen, hierbey ist zu wissen, daß diser Fisch allezeit kleine Fischlein, die die Holländer Loths nennen, welche ihme zu dem Rachen auß- und einschwemmen, zu Wegweisern bey sich hatt, und wann er gefangen wird, wie Kletten, auf seinem Rucken kleben bleiben [1]).

Hier soll ich auch ein wenig von meiner eigenen Persohn melden, daß als ich in ein Unmacht gefallen, die Kranckenwärter vermeynt, ich seye tod, mir gleichwol ein neues Hembd, auß meiner Truchen angezogen, als aber der Segelmacher mich anfangen einehen, hab ich durch das grobe handlen und stossen, meine Augen, widerumb auffgethan, dessen sich alle anwesende verwundert, sprechende: es ist Zeit geweßt, daß diser seine Augen wider geöffnet, anderst wäre er vor tod, mit noch lebendigem Hertzen ins Wasser geworffen worden, mir würde von dem Oberkauffmann ein Glaß voll Spanischen Weins geschickt, darmit mich zu laben, ich gedachte oftermahlen an daß kühle Neckerwasser.

Den 6. biß den 18. favorablen Wind und gut Wetter, liessen sich etliche Nord Capers (welche schier in grösse, dem Wallfisch gleich) sehen; sie blieben in unserer Gesellschaft, biß wir

Den 20. den hohen Teuffelsberg in Africa sahen, kamen

Den 22. glücklich auf die Ree, bey dem Land genandt, Capo de bonne Speranc, zu teutsch das Eck der guten Hoffnung;

---

[1]) Verwirrung zwischen den kleinen begleitenden Fischen, welche die Seeleute „Lootsmänner" nennen, und einer Beobachtung von lebendig gebärenden Haifischen.

heut seynd auch zwey von unsern Schiffen Cortgene und Tidor, welche wir, seyth den 2. Martii nicht mehr gesehen, zu uns auf die Ree gelauffen, brachten Zeitung, daß sie dem, auch an uns geweßten See-Räuber, die Füsse gespuhlet, das ist in Grund geschossen, und 36 der ihrigen welche wol schwimmen können in dem Wasser aufgefischt, gefangen bekommen, mit anhero gebracht, welches uns sehr erfreuet; die Gefangene, wurden zwo Stund von hier auf die Roppen oder Seehunds Insul gebracht, allwo sie müssen Muschlen, zu brennung Kalcks, zusamen lesen und samblen.

Den 23. morgens früh, bin ich mit dem Admiral und Schiffherrn nach dem Africanischen Land gefahren, wird gerechnet von Amsterdam biß anhero 2100. Meil, an diesem Orth lagen wir 9. Tag still, versahen uns mit Wasser und Holtz, deß Landes Beschaffenheit, ist so viel ich gesehen, folgende,

1. Fruchtbar, darumb haben die Ostindische Comp. vor einigen Jahren, ein vesten Platz, an dem Wasser, unten am Teuffels-Löwen und Taffelberg lassen bauen, mit Soldaten und anderer Nothurfft, gegen die Wilde genugsam versehen, damit ihre jährlich hin und widerfahrende Schiff, Vieh, Wasser, Holtz und anders, ohne Widerstand oder Gefahr, bekommen können; so wohnen auch hier schon viel Bauren, die mit Weib und Kindern, wegen vieler Privilegien, auß Holland gekommen und das Land 10. biß 20. Stund weit umbgekehret und Fruchttragend gemacht,

2. Volckreich, wir nennen sie Africanen oder Hottendotzen, seynd von Coleur wie die Zigeuner, haben auf ihren Köpffen filtzweis zusamen, und ineinander gewachsene Woll, wie die junge Lämmer, darauff allerhand schöne Meerschnecken hangen, sie seynd mittelmässiger wohlgeformirter Statur, ausser daß sie stumpffe breitlechte Nasen haben, gebrauchen keine

Kleidung, außer daß sie ein ungegerbte, doch mit Fett lind gemachte Schaff- oder Kälberhaut, auf der Achsel mit sich tragen, und wann es ein wenig kalt ist oder regnet, damit bedecken, vor ihrer Scham hanget am meisten ein hariger Fuchs oder wilder Hundschwantz, die Weibsbilder haben ein besondere Zierat die ihnen die Männer nicht nachthun, mit den Därmen von den geschlachten Vieh, welche sie umb ihre Füß wickhlen, daß sie darvor fast nimmer gehen können, und also daran dürr werden, und immerdar hangen lassen, ich habe oft und vielmalen gehört, daß diser Weibsbilder Scham, mit einem natürlichen Läpplein überwachsen seye, wie eines Calecutischen Hanesschnabel, welches mich bewogen, bey etlichen, vor ein wenig Tabac den Augenschein einzunemmen, da ich befunden, daß es nur ein gemeiner Auffschnitt und Fabel ist [1]; sie haben ein wunderliche Sprach: knellen offt mit dem Mund, welches andere Nationen nicht lernen können, viel aber von ihnen die umb hiesige gegend wohnen, können etwas holländisch reden; sie wissen von keinem Gebott oder Glauben nichts, sondern ehren nur den Neumond, so bald sie den das erstemal sehen, dantzen die gantze Nacht, schreyen und singen Ha, Ha, Ha, sie pflantzen oder bauen nichts, haben auch keinen gewisen Wohnplatz, sondern ziehen mit Weib und Kindern, ihrem Vieh nach, von einem Platz zu dem andern, essen allerhand Früchten und Wurtzel die im Felde wachsen, gilt ihnen gleich ob sie von einem geschlachten oder gestorbenen Vieh oder Menschen fressen, welches Fleisch sie nur auf die Kohlen werffen und ein wenig braten lassen; sie schlaffen in kleinen Hüttlen oder Löcher ein jeder bey seiner Frau, welche zwey Kinder zumal gebähret, bringet das schwächste umb das Leben, damit das andere desto

---

[1] Eine gewisse Hypertrophie der labia minora hat man bei den Hottentottenweibern beobachtet.

stärcker werd, den Buben wird so bald sie ungefähr das 12. Jahr erreicht, der rechte Testiculus außgeschnitten, damit sie desto schneller lauffen können ¹). Sie haben etlich König und viel Capitain under ihnen, führen Krieg widereinander, schiessen mit Pfeilen und werffen sehr gewiß mit Steinen, die Weiber lassen sich auch gebrauchen mit Zutragung der Waffen, die Gefangene werden geschlacht, und mit grossen Freuden geessen, wie sie dann auch, wann sie einige mit ihnen handlende Europianen, (welche vor wenig Taback, oder weisse Arm-Ring, viel Küh und Schaaff eintauschen) können in ihren Speluncken ermeistern, todschlagen und auffressen.

3. Reich, von allerhand Gewild, als da ist der grimmige Löw, förchtet niemand, verschlinget, wann er Hunger hat, Menschen und Vieh, der laurende Tiger, der ungeheure Elephant, das zornige Rinoceros oder Reinoster, springende grosse Affen, (Pavianen) wilde Hund, Bähren, Wölff, und sehr wunderschöne wilde Esel gibt es in der Menge, nicht weniger auch Straussen, haben Flügel und Federn, können aber wegen zimlicher Grösse und Gewichts nicht fliegen, jedoch mit Hülff der Flügel schnell lauffen, ihre Eyer brüten sie selber auß, nicht aber wie etliche hierinn übelberichte schreiben, durch beständiges anschauen, See-Küeh, die des Tags in süssen Refieren, und des Nachts auf dem Land sich nehren, ihr Fleisch ist besser als Schweinenfleisch; Hirsch, Elend, Schwein, und Stachel-Schwein, Pfauen, Kropff-Gänß, Wilde-Enten, Feld-Hüner, und andere kleine Vögel, darvon ich nichts melden will, seynd in Uberfluß allhier.

Den 1. Maji, gegen dem Abend, sind wir mit 3. Schiffen, Asia, Majus 1676 Tidor und Cortgene, zugleich widerum von hier geloffen, umb unsere Rayß nach Batavia zu vollbringen.

Den 2. ist auff unsern 3. Schiffen, ein allgemeiner Bettag ge-

---
¹) Diese Monotrochie der Hottentotten war allgemein.

halten worden, zwar haben wir in diser Passage keine Gefahr wegen der Seeräuber, sondern nur Sturm und Unwetter zubeförchten.

Den 3 hatten wir ein sehr harten- doch nutzlichen Wind auß Nord-Westen.

Den 4. noch stärckeren Wind, nachmittags umb 2. Uhren, ist ein Kauffmanns Sohn von Franckfurth, Nahmens Morell, als selbiger wie gebräuchlich, fornen im Schiff in dem Gallion s. h. seine Nothurfft verrichten wollen, ins Wasser gefallen, welchem aber wegen schnellen fortgangs und hoher Wellen, nicht können geholffen werden, dato sind unserer zwey Gefährten nächtlicher weil, von uns kommen.

Den 5. biß den 10. noch all dergleichen Wind.

Den 11. haben wir eine merckliche Kälte empfunden.

Den 12. Hagel und Schnee durcheinander, sind zwey Bothsgesellen von der Ree gefallen und ersoffen.

Den 13. 14. 15. 16. 17. 18. 19. und 20. hatten wir nur ein Segel offen, lieffen mit einem halben Sturm vor den Wind, gemeiniglich in 24. Stunden, etlich und sibentzig Meil.

Den 21. hatten wir die Höhe von der Insul S. Moritius, dise Insul ist unlängst [1]) von der Ostindischen Comp. besetzt worden, zuvor unbewohnt geweßt, sie ist Fruchtbar und Gewildreich, gibt viel Ambra Grisea, Prisilien [2]) und Ebenholtz daselbsten.

Den 22. fiel ein Bothsgesell von dem grossen Mast herunder auff ein schwehres Ancker, von dem Ancker in das Wasser, und vertrunck erst vollends.

Den 23. kamen wir widerumb in die Wärme, hatten guten Wind biß den letzten dises.

---

[1]) Seit dem Jahre 1638.
[2]) Brasilien-Holz, Caesalpina brasiliana oder vielmehr das orientalische Sapan-Holz, Caesalpina Sappan

Den 1. Junii etwas still und ein wenig Regenwetter. Jun. 1676
Den 2. ist unser Rantzion, an Fleisch, Brod und Bier vermindert worden.
Den 3. biß den 20. nichts sonderlichs als etwas Hunger und Durst, welches gesunde Leuth gibt, dann vor Hunger, kan man nicht lang schlaffen, und der vihle Schlaff auf dem Wasser verursacht Kranckheit.
Den 21. hat unser Schiffherr dem jenigen, welcher am ersten Land werde sehen, 12. Reichsthl. versprochen, darneben scharff befohlen, nächtlicher weil fleissige Wacht zu halten, und auf deß Wassers Farb gute acht zu geben, daran man deß Landes Näherung verspühren kan, unterdessen sind wir mit unsern Anckern und grossen Seylern herfür zu thun, beschäfftiget gewesen.
Den 22. morgens bey der Sonnen Auffgang, hat die auf dem grossen Mastbaum gewesene Schiltwacht geruffen Land, Land, ihn würde gefragt, warzugegen, antwortete recht gegen Osten, hoch Land, gegen Mittag haben wir befunden, daß es das rechte Land, nemblich Java Major ist, verursachte grosse Freude, und würde dem Volck Brod und Wasser gnug gegeben.
Den 23. kamen wir in die Straaß Sunda, deren Länge 36. Meil ist, allda wir, wegen geringen Winds, und Contraren Stroms, unser Werff-Ancker liessen fallen, in dem besuchten uns einige Javanische Innwohner, brachten auf ihrem, nur von Holtz zusammen gemachtem, doch mit Seglen sehr geschwinden FahrZeug, allerhand Indianische Früchten, als Königs-Aepffel, Pommpel-Mueß, Feygen [1]), Citronen, Ananas, Ingwer, Zucker, und Reiß, welches wir von ihnen mit alt Eysen und Taback eintauscheten.

---

[1]) Unter Feigen werden immer die Indianischen Feigen verstanden, welche man jetzt in Europa meistens Bananen nennt.

Den 24. würden uns von der Stadt Bantam, auch zwey mit Jaffanischen Früchten, Enten und Böcken geladene Fahrzeug geschickt; disen Tag avancirten wir mit dem Seewind etliche Stund, und ließen gegen Abend, weil der Wind sich geändert, unser Ancker fallen.

Den 25. ungefähr zwischen 9. und 10. Uhr, sahen wir auf der rechten seiten, die Königl. Residentz-Stadt, Bantam, nachmittag umb 4. Uhr arrivirten wir auf der Ree von Batavia [1]), unser Hoffmeister, wollte sich in disem Wasser, weil er wol schwimmen könt waschen, wurde aber unversehens von einem Crocodil erhascht und verschlungen.

Den 26. morgens frühe, wurden wir auff kleinen Fahrzeugen nacher Batavia, mit grossen Freuden, an Land geholht, ist unsere Rayß, welche wir inner 5. Monath und 12. Tagen mit Gottes Hülff verrichtet, von Ambsterdam biß Batavia,

DREYTAUSEND SECHSHUNDERT SECHS UND DREYSSIG MEIL.

Den 27. kamen auch die von Capo de Bonne Speranc mit uns außgeloffene zwey Schiff Tidor und Cortgene, welche wir biß Dato nicht mehr gesehen, auf die Ree, verursachten grosse Freude in Battavia, die Innwohner selbigen Landes hiessen uns als Neu auß Holland gekommene Leuth Orangbahren [2]), das heisset disen Lands und Sprachen noch unerfahrne Leuth.

Dato wurden alle auß Holland angekommene militairen, vor den Holländischen General, Nahmens Madzucker [3]), mit vollem

---

[1]) Die Schiffe Asia, Tidor und Cortgene kamen am späten Nachmittag des 24. Juni auf der Reede von Batavia an. S. Daghregister Casteel Batavia in dato.

[2]) Mal. orang bĕharu. (Bĕharu = neu).

[3]) Mr. Joan Maetsuyker, Generalgouverneur 1654—1678.

Gewöhr in Ordnung geführt, von ihme bewillkomt, hernachmahls von den Officieren, hin und wieder in der Statt und dem Fort, verlegt und außgetheilt, ich kam in die Hauptwacht deß Forts, welches Vier Pünten, Nahmens Diamant, darauf logirt ein Major mit 40. à 50. Soldaten, und einem Constabel, die ander Rubin, dar ligt ein Capitain mit so vihl Leuthen, die dritte Saphir, würd commandirt von einem Serganten, der zugleich Trillmeister, die vierdte heisset Perl, commandirt auch ein Sergant.

Den 28. 29. und 30. hatten wir 3. freye Tag, hin und wider zugehen, inn- und ausserhalb der Stadt, sahen mit Verwunderung, wie dar die Chinesen, welche allhier, wegen grossen Handels, mit Menge wohnen, auf ihrem Kirchhof, den verstorbenen in feinem Porcellin, Essen und Trincken brachten, sie darbey beweinten, und fragten, warumb Sie doch gestorben, was ihnen doch gemangelt, solltens nur sagen, die Todten aber, wie leicht zu erachten, schwigen still, solche Speisen werden oft von den Holländischen Soldaten und Bothsgesellen, welche ihr Costgelt verspihlt, oder sonst durchgebracht, deß Nachts gegessen. Neben diesen Chinesen, wohnen und lauffen sonsten hier in Batavia, sehr vielerley Orientalische Leuth, und Heydnische Völcker, welche alle in Zeit von Noth, die Stadt müssen helffen defendiren, als Jaffanen dieser Insul Innwohner, seynd meistens Schwartzgelbe Leuth, tragen von Leinwath oder Seiden umb die Mitten ihres Leibs, Kleidten, haben, wie die Türcken die Beschneidung, sonsten betten sie ein gemachtes Bild mit einem Löwenkopff an, ehren Sonn und Mond [1]; Ambonesen, Darnatanen [2]), Malleyer, Macassaren, und dergleichen, haben alle ihre Könige, seynd sehr geschwinde Leuth mit ihren Waf-

---

[1]) Die Worte „sonsten" biß „Mond" sind ganz töricht.
[2]) Ternatanen.

fen, die Pfeil und Bogen, Schilt, Picquen, und vergiften Gritzen[1]), ihr Zierath, wann sie ins Felde ziehen, seynd schöne Schildt, fornen am Kopf tragen sie einen schönen Paradis-Vogel, welcher in Ambon, 500. Meil von hier gefunden wird. Ihre Spihl seynd fast auf die Weiß einer Paucquen, genandt Gum Gum [2]), gemacht von Metall, gibt ein grössers Geleuth als ein grosse Glock, obbemeldte Ambonesen, seynd in der Schwartz-Kunst die verteuffelste, also, daß auch Faustus, der, wie man sagt, auf dem Mantel dahin gefahren, alldorten seinen Meister gefunden.

Juli 1676 Den 1. biß den 9. würden wir mit Picquen, Mußqueten, und Flenten, alle Tag exerciret.

Den 10. wurden alle in Battavia seyende frische militaire Persohnen außgelesen, und

Den 11. under Commando Major Polmmans, so ein Brandenburger, Capit. Harschings, Cap. Rotbolls, Cap. St. Martins [3]), so ein Frantzösischer von Adel, und Cap. Dac [4]) ein jeder mit einer absonderlichen Compagnie auf ein Schiff, nacher Japparen [5]) zu gehen, imbarquirt, umb die daselbstige Unruh zwischen den Innwohnern und dem König von Bantam, doch diesem zu Hülff, zustillen.

Den 12. wurden auch die Bothsgesellen auf unsern fünf Schiffen, theils mit Hand-Granaten, scharpffen Hau-Degen, Stinckhäfen, Picquen, Endterbeylen, und dergleichen, Compagnienweiß vertheilt, ihre Officier waren, der Schiff-Herr so

---

[1]) Mal. Kĕris: Dolch. [2]) Gong: Schlagbecken (Mal. Gung).

[3]) Wohlbekannte Offiziersnamen aus dieser Zeit sind: Christian Poleman (oder Poolman), Willem Hartsinck, Herman Egbertsz. Rootbol, Isaac de l'Ostal de Saint Martin.

[4]) François Tak.

[5]) Japara (Mittel-Java). Die Expedition segelte von Batavia, nicht am 12. Juli sondern am 6. August ab. S. Daghregister Casteel Batavia in dato.

vihl als Capitain, der Ober-Steurmann Lieutenant, der Under-Steurmann Fendrich, der Bothsmann Sergant, und die Quartiermeister Corporals.

Den 13. und 14. lavirten wir Bantam vorbey, passirten Dopffershuetgen und Princen Eyland [1]), sahen

Den 15. unsern Feind in unzehlbaren, sehr leichten Fahr-Zeugen, sie wusten von unserer Ankunfft, vermeinten uns von dem Wall abzuhalten, lieffen uns entgegen, umringeten unsere Schiff, vermeinten selbige zu übersteigen und zustürmen, underdessen feyreten unsere Constabels, Granatirs, Stünckhäffenwerffers und Soldaten nicht, vernichteten inner diesem Tag bey 1100. ihrer Fahr-Zeugen, so klein als grosse, wir hatten wenig Todte, aber viel Beschädigte, ihre Todten waren nicht zu wissen, ob man zwar beyläuffig wol weist, daß in einem ihrer Schiffen, à 6. 10. 20. oder 30. Persohnen nicht seynd, in deme sehr viel, eine stund weit, wie die Wasserhund, an Land geschwummen, das Leben salvirt, unsere Beuten waren schlecht, weil dieselbe nur Victualien und Gewöhr bey sich haben, auch das meiste versuncken.

Den 16. morgens früh, wurden wir, gesampter Hand an Land gesetzt, den Feind zuverfolgen, weil der Schreck unter ihnen war, sie verstunden das anderst, lieffen wie die wüetige Hund, in grosser Macht, von allen seiten gegen uns, machten unsere

---

[1]) Hier ist der Autor ganz in Verwirrung geraten. Toppershoedje und Princen Eyland liegen weit westlich von Batavia an der Sunda-Strasse; Japara liegt weit östlich. Die Schiffe Polemans kamen am 30. Aug. 1676 an ihrem Bestimmungsort, Ost-Java, an. S. De Jonge „Opkomst van het Nederl. Gezag in Oost-Indië, VI, s. CIII, 202". Dort fand der von Schweitzer sehr ungenau erzählte Kampf mit den Javanischen Fahrzeugen statt, wobei etwa 1000 bis 1500 derselben in den Flussmündungen vernichtet wurden. Eine andere Schlacht unter dem Commandeur Herman Ruyter in der Sunda-Strasse (Ende 1682) von welcher Christoff Frik (ed. 1692, S 78/79) erzählt, ist vielleicht von Schweitzer „verwertet" worden. Vgl. De Jonge „Opkomst", VII, ss. CXLI flg.

vornembste Officier, und 150. gemeine in solcher, durch das Opium Avion [1]), welches sie ehe das Treffen angehet, essen, verursachten Wuth, caput, daß der Uberrest der Christen endlich, welche wohl lauffen- oder schwemmen können, in die Schiff sich retiriren müssen.

Den 17. wurden alle beschädigte und krancke Völcker zusammen in ein Schiff geladen, und nacher, Batavia, in Hospital geschickt, zugleich an den General und Herrn Räthe von Indien geschrieben, und daß man Succurs vonnöthen habe.

Den 18. wurde von unserm Schiff, genant das Stifft-Utrecht [2]), die grosse Both, mit einem Lieuten. etlich Matrosen und Soldaten zu recognosciren, an Land geschickt, wurden alle durch die Feinde ermordet, ausser einem Bothsgesellen, Nahmens Hanß, der

Den 19. Abends spat, gegen dem Schiff starck (weilen er den Strom zu Hülff hatte) kam angeschwommen, erzehlete, wie daß sie von vier Japponischen [3]) Fahrzeugen, seyen überfallen, und die unserige caput gemacht worden, er aber habe in der geschwinde ein- under deß Kochs Kessel brennendes-langes stück Holtz erhascht, mit demselben ihme unter disen halbnackheten Leuthen, die nur mit Pfeilen auf ihne Sargirt, so vihl Lufft gemacht, daß er in das Wasser kommen, und sein Leben salviren können, der Schiffherr befahl disem Hansen, weil er ein gantze Nacht und einen Tag im Wasser, durch schwemmen ermüdet war, ein Gläßlen voll Spanischen Weins zugeben.

Den 20. nach gehaltenem Kriegsrath, wurden Brieffe an den General zu Batavia geschickt, welche ich Convoyren helffen, segelten

---

[1]) Mal. Apiun = Opium.
[2]) Das Schiff „Stift Utrecht" war am 23. Juli aus Holland in Indien angekommen. S. Dagh-Register in dato.
[3]) Zu lesen: Jaffanischen (Javanischen).

Den 21. 22. und 23. kamen den 24. in Batavia glücklich an, überbrachten unsere Brieff und Bottschaft.

Den 25. gieng ein advise Jacht, nach der Japparischen [1]) Floth, mit Briffen, daß sie wider samptlich nach Batavia kehren sollten.

Den 26. kam ein frisches Schiff mit Volck von Holland allhier an, sagten, sie wären vor 9. Monath auß Holland geloffen, hätten 18 Todte gehabt.

Den 27. kam widerumb ein Fleut-Schiff an, welches schon von den Holländern verlohren zu seyn, geschätzt worden, weil sie vor 18. Monath auß Seeland geloffen, und biß Dato keine Zeitung von ihnen gehabt, der Schiffherr diser Fleuth, so auch ein Teutscher, von Hamburg gebürtig, erzehlete mir, daß sie vihl Ungemach außgestanden, welches wohl an seinem Schiff und Leuthen, zusehen war, unter anderm auch, sie seyen durch ein langwührigen Sturm, so fern gegen Suden verworffen worden, daß der Compaß, nicht mehr wie sonsten, ihnen dienlich war, sondern mit der Lilien bald dar, bald dorten stund, in der Nacht aber endlichen ein hohes Land von fernen in lauter Feuers Gestalt, sich sehen ließ, welches sie mit dem Rucken angesehen, und so lang auff gerathwohl gesegelt, biß sie widerumb in den Polum gekommen und dem Compaß nachsegeln können.

Den 28. kam ein Schiff von Malacca [2]) allhier an, brachte vihl Spiauter, auch ein Pelicanen, so von Coleur Purpurfarb, und ein Cassuaris, welches ein grosser Vogel, der keine Feder- sondern Schweinshaar auf seinem Leib hat, er frißt glüende Kohlen, Tabackspfeiffen, Eisen und Bleykugeln, aber verzehrets nicht, er hat keine Zung, jedoch ein kleine Stimm, wie ein junges Gänßlein von 8. Tagen.

---

[1]) Gemeint ist die Flotte der Holländer.
[2]) Vielleicht zu lesen: Molucca. Kasuares gibt es in der Malayischen Halbinsel nicht.

Den 29. wurden in Batavia, welches nichts neues allhier ist hingerichtet, vier Bothsgesellen mit dem Schwerdt, weil sie einen Chinesen umbgebracht, Sechs Sclaven, die ihren Herrn bey Nacht erwürget, gerädert, ein Mastiz, das ist ein Mensch, der von einer schwartzen Mutter, und weissem Vatter erzeuget worden, wegen Diebstalls gehenckt, 8. andere Bothsgesellen die gestohlen hatten, und weggeloffen waren, gegeisselt, und mit der Compagnie Wapen gebrandmarckt, zwey Holländische Soldaten, die zwo Nacht auß ihrer Wacht gewesen, gewippt [1]), und ein Holländische Schulmeistern Frau, die ein andern zum öfftern lieber als ihren Ehmann gehabt, an das Hals-Eyßen gestellt, und auf 12. Jahr in das Spinnhauß condemnirt worden, underdessen waren die Thor deß Forts und der Stadt beschlossen, die Soldaten in Armis, ich aber, als dißmaliger Picquenier, halff den Ring umb das Schaffot beschliessen.

Den 30. trugen 32. Jaffanen ein Crocodil, so sie mit einem grossen Angel, daran ein todter Hund gewesen, gefangen, in das Fort, vor deß Generals Hauß, dessen Länge war 22. Schuh, nach dem ihn der General gesehen, trugen sie den wider fort, und bekamen 6. Reichsthl. Trinckgelt.

Den 31. kam durch einen Jaffanen Zeitung, daß deß General Jäger Jan von Dort, von einem Tiger seye weggenommen worden.

Aug. 1676 Den 1. 2. und 3. hielten die holländische Burger und Soldaten, wie auch gesambte hiesigen Orths Indianische Innwohner, doch jede Nation absonderlich, einen prächtigen Auffzug [2]) in der

---

[a]) Am Wippgalgen aufgehisst.
[1]) Diese Parade hat am 14. August stattgefunden. S. Dagh-Register.

Stadt, auf dem so genandten Galgenfeld, da sahe man wunderliche Spring und prächtige Geberden von vihlen Indianern, mit ihren Schildten, Bogen, Pfeilen und Picquen, das remercabelste war, daß ein Malleyer, den man Capitain Juncker [1]) hieß, über ein Holländischen Reutter, der auf einem Persianischen Pferdt gesessen, gesprungen; Wir Holländer hielten mit 4. gewapneten Compagnien auf besagten Galgenfeld rund umb das Haus wo der General mit den Hn. Räthen von Indien sambt ihren Frauen und Kindern waren, diß Gauckelspihl anzusehen, damit wann dise Indianen, welche in zimblicher Anzahl vorhanden waren, einen Aufflauff oder Rebellion anfiengen, man ihnen widerstehen könte, der Auffzug wurde gehalten zu Ehren einem von der Insul Selund [2]) angekommenen Holländischen Admiral, Reitgloff von Gons [3]), jetziger Rath und zweyter Stimm von Batavia, welcher bald hernach General worden.

Den 4. seynd einem Rath von Indien, Nahmens Spihlmann [4]) 12. Sclaven entloffen, und sich auf ein Fahr-Zeug nach Bantam begeben, warauf gleichbalden, der allhiesige Fiscal mit 6. Dienern, so Guinesische Caffers waren, jeder mit einem Haudegen und starcken Meer-Rohr [5]) wol versehen, in einem Jacht, sie verfolgten, bald antraffen, die außgerissene wehreten sich, und schlugen den Fiscal mit seinen Dienern tod, und kamen in Bantam, vermeinten alldar sicher zu seyn, so aber nicht geschah, sondern würden gleich, wie sie an Land kamen, als außgerissene Sclaven erkandt, und

---

[1]) Kapitän Jonker, ein Amboinese von der Insel Manipa (± 1630—1689). Er leistete der Compagnie die wichtigsten Dienste (1656—1689) in Vorder-Indien und auf Ceylon, auf der Westküste von Sumatra, auf Celebes, in Mittel-Java und in Bantam S. J. A. v. d. Chijs, in Tijdschrift Bataviaasch Genootschap, XXVIII, 1883; XXX, 1885 und Dr. de Haan Priangan, I, 1910.
[2]) Ceylon.   [3]) Rijcklof van Goens (Generalgouverneur 1678—1681).
[4]) Cornelis Speelman, Generalgouverneur 1681—1684.
[5]) Indianisches Rohr (Mal. Rotan).

Den 6. widerumb nacher Battavia geschickt, und

Den 7. auf dem Galgenfeld alle 12. geradbracht worden, das geschihet also, dar stehen 4. Stotzen eine halbe Ehl hoch ob der Erden, darauff die Ubelthäter, mit den Armen und Füssen gebunden, alsdann von dem Scharpffrichter, mit einem eisenen so genandten Kühfuß, ein Bein nach dem andern, endlich auch das Hertz zerschmettert und zerschlagen wird.

Den 8. ist in der Vierkant bey dem Wasserpaß, ein Bothsgesell, mit einem Messer tod geschnitten, gefunden worden, diß ist ein vester Orth, hat den Nahmen also, weilen vier Pünten daran, ist vor ungefähr 60. Jahren von den Englischen gebaut, hernach von den Holländern mit folgender List eingenommen worden; Es kamen [1]) etlich Holländische Schiff bey disem Vierkant an, der Admiral ersuchte den Engelischen Commendanten, ob er vermochte, seine von langer Rayß erkranckete Leuth an Land zu bringen, damit sie sich widerumb in etwas möchten erfrischen, welches ihme aus Mitleiden und Barmhertzigkeit, erlaubet worden, worauff die Holländer, zwo Both von den gesundesten und besten Leuthen, mit Degen, Pistohlen, und Messern heimlich versehen, gefüllt, all kermend und wehklagend, durch ihr Wasser-Paß, hinein geführt, und also die barmhertzige Engelländer, theyls jämmerlich ermordet, und die übrige gefangen genommen, auch ihrer Güter beraubet, von derselben Zeit an, haben sie Battavia die Stadt und Fort anfangen zu bauen, und biß dato, so wohl inn- als ausserhalb, mit Thürnen, Mauren und Wassergräben, welche (weil aldar kein Winter) nicht zufrieren, versehen, daß sie ohne Handschuh nicht anzutasten, auch vor keinem Orientalischen Feind sich förchtet, das Fort, dessen vier treffliche Pünten, hieforn unter dem 27. Junii gemeldet, kan alle Strassen der Stadt, auch die

---

[1]) Der Rest dieses Absatzes enthält nur ganz oberflächliches Geschwätz.

Vierkanth, das Wasserpaß, und die Ree, da die Schiff ligen, beschiessen.

Den 9. ließ unser Capit. Armis [1]), in den Wachten hin und wider befehlen, daß diejenige Soldaten, welche Mußquetenkugel bedürfftig, Nachmittags umb 4. Uhr, nach gehaltener Parat, solten auf dem gewöhnlichen Platz sich einstellen, wie er aber kam, die Kugeln, welche von 2. Sclaven, in einem offenen Stüppichlen, auß der Waffen-Cammer auf den Parat-Platz getragen worden, außzutheilen, war das Stüppichlen, schon leer, Er Capit. Armis, lieff zu dem Capit. verklagte die Soldaten, sie hätten ihme seine Kugeln entwendet, der Capitain ließ ihn wegen Unachtsamkeit, auf die Schildwacht pflantzen, und bey allen Soldaten visitirn, ob keiner über sein Gezahl Kugel hätte, deß andern Tags

Den 10. wurde befunden, daß die in dem Fort lauffende Vögel Cassuarisen, alle Kugeln gefressen, und hin und wider, nach und nach, also gantz von sich fallen lassen. Der Capit. Armis, muste zur Straff, daß er nicht besser Wacht zu dem Loth gehabt, die Kugeln auflesen, und die Vögel in dem Fort so lang herum jagen, biß sie alle Kugeln wiederumb von sich liessen.

Den 11. kam ein alter Chines, mit 2. Häffen voll süsser Milch in das Fort, selbige zu verkauffen, den ersah ein dem General zugehöriger Pfau, floge dem Chinesen auf den Kopf, und hätte ihm, wann nicht die Sclaven ihn entsetzt, die Augen außgepickt; dieser Chines, seye vor etlichen Jahren der Reichste in Battavia gewest, habe viel Tonnen Golds vermöcht, anjetzo mit Würffeln alles verspihlt, ja gar die Haar von seinem Kopf, das seye das Letzte gewesen.

Den 12. gieng ich in die Stadt, in ein Chinesen Hauß, begehr-

---
[1]) Der „Capitaine d'armes".

te ein Glaß Graßbier, von Zucker gemacht, sehr lieblich, sahe wie die Chinesen assen, sie setzten sich ihrer Sieben Manns-Persohnen, (dann sie keine ihres Lands Weiber weil sie den Europianen nicht trauen, wohl aber Malleyische schöne Weibsbilder, die sie als Leibeigene kauffen, sehen geel, und haben blatte Nasen, bey ihnen haben). Auf den Tisch hinauf, in der Mitten stund ein grosse breitte Porcelline Schüssel, und in derselben viel kleine Schüsselen, darein ein jeder sein absonderlich essen von Fischen, an statt Brodts, Reyß, gantz trucken gekocht, eingelegte Citronen, ein Speiß die heissen sie Arschhar [1]), ist eine Frucht zu vergleichen den St. Johannis-Beerlen, in Citronen-Saft und Eßich eingelegt, sie hatten ein jeder ein hültzenes Zänglein, einer Ehlen lang, darmit sie die Speiß in den Mund schoben, nach dem Essen, wuschen sie ihren Mund, und rauchten auß einer grossen Pfeiffen, daran ein Kessel, darein fast ein Schopp Wassers geht, heist Gurr-Gurr [2]), ein jeder ein Mund voll Taback. Bey dieser ihrer Mahlzeit vergassen sie auch ihres in dem Gemach, ob der Taffel, in schönem Habit, bey einer brennenden Lamp, von Holtz gemachten Teuffels nicht, stellten ihm von den Speisen und schönen Früchten, auf ein darzu gemachtes Brettlein, sein theil nach, ich gedachte an mein Bier, wiewohl es gut war, nimmer, und sahe nur das Gauckelspihl an, verlangte zu sehen, wann der Teuffel werde anfangen zu essen, die Chinesen sahen, daß ich ein Orangbahr ware, lachten meiner, daß ich so inständig auf ihr Wesen schauete, und so nahe zu der Thür mich gesetzt, konte aber nicht erwarten biß er aß, sondern gieng von dannen.

Den 13. gieng ich in deß reichen Chinesen Hauß, alldar gibt

---

[1]) Mal. Atjar: Sauer gemachte Früchte &c. verschiedener Art.
[2]) Klangnachahmung des durch das Wasser aufgeschlürften Rauchs? Die Holländer nannten eine derartige Pfeife: „Gorregorry".

man einem jeden Europianen der hinein kompt, starcken Tranck genug, umbsonst, der heist Arac, wird distilirt von Suri¹), die von den Kochus-Bohnen kompt, derselbig reiche Chines hat alle andere Chinesen under seinem Zwang, die müssen, wann er seinen rothen Fahnen von seinem Hauß läst wehen, gleich alle erscheinen, er versihet auch alle Holländische Schiff mit Nothdurfft von Arac und Essich, das wird zu Gelt geschlagen, und an ihrer Contribution abgezogen.

Den 14. trugen an einer Stangen 2. Jaffanen zwölff Fledermäuß, ein jede allerdings in Ganß Grösse durch die Hauptwacht, in des Generals Hauß, welche alda, wie ich vernommen, gespeist, und für ein under den vornemsten Tractamenten, gehalten werden, sie fliegen nur bey Nacht, und visitirn die an den Kochusbohnen hangende Häffelen, darein die süsse Suri fliest, trincken sich so voll, daß sie von den Bäumen rollen, und mit den Händen gefangen werden, bey Tag halten sie sich in Wildnussen, oder in holen Bäumen auf.

Den 15. ist eine, zwischen dem Fort- und der Stadt, auf der Brucken, mit einer halben Piquen gestandene Schiltwacht, von einem Jaffanen, der Avion geessen, mit seinem vergiften Gritz, tod gestochen worden, er avancirte ferner, und wollt die ander Schildwacht, nahe bey dem Thor auch attaquirn, die ihme aber bey Zeiten, das scharffe seiner Picquen præsentirt, darein er in solcher Wuth geloffen, und sich getödtet, diser Jaffan wurde, den andern zum Exempel, durch die gantze Stadt, von des Henckers Knechten, so Angolische²) Caffers seynd, geschleifft und vor der Stadt bey Jacadra³) an ein Baum, an die Füß aufgehenckt.

---

¹) Ein nicht auf Java sondern auf Ceylon und in Cormandèl gebräuchliches Wort: S' ura und S urei. ²) Aus Angola in Südwest-Afrika.

³) Der Name der Stadt Jakatra, dort wo (1619) die Stadt Batavia gegründet wurde, ist niemals ganz verschwunden. Es giebt noch immer einen „Weg von Jakatra" u. dgl.

Den 16. seynd viel Chinesen Schiff oder Juncken, welche von dem Wetter angezündet worden, verbronnen, es lautete den gantzen Tag nicht anderst, als ob ein schwehr Canon nach dem andern gelöset wurde, die Ursach ist, ihre Mastbäum und meistes Holtz, seynd von Bambus Holtz, hat Glieder wie der Holder, und ist innwendig hohl, daß so oft ein Glid, durch das Feur gesprungen, es ein schweren Schlag gegeben.

Den 17. lieffen 2. Soldaten und ein Bohtsgesell, auß hiesiger Guarnison, nacher den, auff dem 12. Stund von dannen ligenden blawen Berg, sich auffhaltenden Strassenräubern, diese sind lauter von den Holländern durchgangene Soldaten und Bothsgesellen, in zimlicher Stärcke, haben Jaffanische Weiber, und besitzen disen blawen Berg, thun den raysenden grossen Schaden.

Den 18. traffe ich einen Landsmann an, Nahmens Hanß Ludwig Vogel, er war ein Beckh, von Stuttgart gebürtig, jetzo Hoffmeister bey einem Rath von Indien, Nahmens Reitgloff von Gonz [1]), diser Hoffmeister aber ist bald nach disem gestorben.

Den 19. wurden von Bantam an den General allhier 12. wilde Jaffanische Pferd, zu einem Präsent geschickt.

Den 20. brachten 12. Jaffanen ein Schlang, deren Länge 26. Holtzschue war, todt vor deß Generals Hauß, die der General, alß er sie gesehen, seinem Doctori, Namens Kleyern [2]) zu bringen befohlen, welcher durch Joh. Otto Helwig, Med. Doct. auß Sachsen gebürtig, und alß auch ein Soldat mit mir in Indien

---

[1]) Rijckloff van Goens.

[2]) Dr. Andreas Cleyer, ein omnis homo, der auf Batavia Medicus, Apothekar, Rektor der Lateinischen Schule und Mitglied des Justizrates gewesen ist. In den Jahren 1682—1685 war er Vorsteher des Komptoirs in Japan. Er veranlaßte botanische Untersuchungen am Kap der guten Hoffnung und auf Mauritius.

geschiffet, anjetzo aber vor einen Apothecker-Gesellen servirt, die Schlang öffnen und wieder außfüllen ließ.

Den 21. wurde der Guarnison, ein jeder Persohn, Drey Monath-Sold außgetheilet, an Geld, Seidenzeug, Chinesisch Leinwand, Hembden, Strümpf und Schuhen, ihr Kostgeld, an statt Servis, ist alle Monath, eines gemeinen 10. Schilling oder 4. fl. und 40. lb. Reyß Gage, monatlich 10. fl. eines Corporals Gage 14. fl. und 6. fl. Kostgeld, eines Serganten Gage 20 fl. und 4. Reichsthl. Kostgeld, eines Fahntragers Gage 36 fl. eines Lieut. 50 fl. ihr Kostgeld ist gleich, eines jeden 6. Reichsthl. ein Capitain, wird besoldet mit 80. oder 100. fl. Kostgeld 10. Reichsthl. 7. Maß Wein und 2. Maß Oel, und wird gerechnet ein jeder Holländischer Gulden auf 36. Kr. Württemberger Gelts.

Den 22. ist das Schiff, genant das Stifft Utrecht, so vor etlich Tagen von der Wasser-Cüst [1]) anhero gekommen, geladen mit 400. Last Pfeffer, auf der Reede verbronnen, die Stuck und Ancker darvon, sind meistentheils, weil es nicht gar tieff gewesen, widerumb auffgefischt, die Menschen auch alle salvirt worden.

Den 23. Commandirte unser Major Polman, 1. Lieutenant, und 60. Gemeine, mit dem Schiff Asia, nacher der Wester-Cüst [2]), einem gar ungesunden Orth.

Den 24. kamen zwey Schiff, eines von Siam, geladen mit Spiauter, das ander von Darnaten, gefüllt mit Negelen, Muscaten, und Muscatenblüet, glücklich an, brachten Zeitung, wie daß in den Ostwerts 500. Meil von hier ligenden Königreichen Ambon und Darnaten, widerumb das allerdings gewohnlich, oder Jährliche Erdbeben [3]), nicht geringen Schaden gethan, in

---
[1]) Es mag die Wester-Cüst (von Sumatra) gemeint sein.
[2]) Eine Expedition nach der Westküste Sumatra's.
[3]) Amboina wurde am 17. Febr. 1674 von einem schweren Erdbeben heim-

deme daß in Anno 1674. von einer zimblichen Insul, noch überblibene Stuckland im Umkreiß 6. à 7. Meil betreffend, reichlich gesegnet mit Nagelbohmen, vollend versuncken, nach der Ursach dieser Insul Untergang, darff man nicht viel fragen, wann gesagt wird, es haben hiebevor die Spanier dise Insul erfunden, dieselbe, weilen sie, wie schon oben gemeldt, reich von Nagelbohmen, mit Fortressen und Schantzen, auch Kirchen, Clöstern und Schulen geziert, aber fast tyrannisch mit den Innwohnern umbgangen, auch nach erhaltenem Sig und beschlossenem Friden zugelassen, wann ein Spanier, einem Innwohner, der ihme etwa im begegnen, nicht beyzeiten 10. oder 12. Schritt auß dem Weeg gewichen, und so lang, biß er vorbey gewesen, still gestanden, oder sonst einer dergleichen geringen Ursach halben, mit seinem Sinque Palm, zu teutsch 5. spannen langen Degen [1]), darnider gestochen, und nur auf den todten Cörper ein Perdau [2]) macht Württembergischer Wehrung 2. fl. gelegt, ihme kein böses Wort von niemand gegeben, weniger gebührend darumb, als ein muthwilliger Todschläger und Verbrecher Gottes Ebenbilds, gestrafft worden, hernachmahls sind dise Innwohner durch die Holländer, von dem Spanischen Tyrannischen Joch erleucht- und von ihnen Holländern, wie ihr Gebrauch, mit schinden, schaben und pressen, geplaget worden, ja sie Holländer haben, zu Erspahrung Uncostens, von den, zu ihrem Dienst in Uberfluß gewesten Kirchen, Schulen und Clöstern: Packhäuser, Würths- Spihl- und Hurenhäuser lassen bauen, und so Gottsvergessen darinn fortgelebt, biß sie Anno 1674. von einem starcken Erdbeben, welches ihre Vestungen,

---

gesucht; darauf im Jahre 1683 oder 1687. S. Verbeek im Jaarboek van het Mijnwezen, XXXIV, 1905. s. 267 flg. und vgl. Hoffmann (Bd. VII dieser Sammlung) S. 67 flg.

[1]) Portug. cinque = fünf; Palma = Handbreite.
[2]) Pardaŏ, ein portug.-indisches Münzstück.

Mauren und Häuser verrissen, vihl der ihrigen in dem Wasser verschlungen, gewarnet worden.

Den 25. passirten durch unser Fortress, zwey Elephanten, die der König von Siam, der in Odea¹) residirt, an den General Matsuicker, neben 35. Centner Spiauter, zu einem Präsent schickte, begehrte hingegen, einen Pulvermacher ihme zu leihen, er wollte den inner zwey Jahren wiederumb senden; der General nahm das Präsent an, bedanckte sich gegen dem Ambassadeur wegen solcher zu ihme tragenden Königl. Liebe, wie gern er auch wollte seiner Majestät. in ihrem begehren willfahren, könte es doch nicht seyn, weilen vor dieses mal nicht mehr als ein Pulvermacher, den er nicht entbehren mög, in Batavia sey, doch etliche lb. Pulver, seyen zu deß Königs Diensten.

Den 26. biß den 31. müsten wir alle Tag, gegen zwey von Seylon, vor etlich Monath gekommenen Elephanten, auf dem Trillplatz, mit unserer Comp. Exerciren und schiessen damit sie endlich deß Schiessens gewohnt, und zum Kriegen tüchtig wurden.

Von dem 1. biß den letzten Sept. bin ich auß dem Fort, nicht Sept. 1676 in die Stadt gekommen, weil ich etwas mit Kopffwehe, dardurch mir das Haar außgefallen, bin gequelt gewesen, und die grosse Hitz nicht ertragen können, gebrauchte zwar keine Medicin, als daß ich Morgens und Abends nach der Sonnen Auff- und Nidergang, mich in einem, zwar wegen deß Crocodils umb das Fort lauffenden gefährlichen Wasser, fleissig gebadet, und mich dardurch erlabet.

Den 1. wurden²) von hiesiger Guarnison, 3. Compagnien Oct. 1676 nacher der Insul Seylon, auf 3. Schiffen, Nahmens Macassar, Polsbruck und Polrun zugehen, commandirt, und daß sie sich

---

¹) Ayuthia, nördlich von Bankok am Menam-Fluß.
²) Das Datum der Abfahrt war der 26. September 1676. Die Schiffe waren Macassar, Zuytpolsbroek, Pulu Rhun und Swemmer. S. Dagh-Register in dato.

deß andern Tags zu Schiffe zu gehen sollten fertig halten, ich nahme Abschied von meinem Landsmann, Hanß Ludwig Vogeln [1]), und machte mich rayßfertig mit Einkauffung Fisch, Zucker, Dadel, Tamerin und Citronen.

Den 2. vormittag umb 10. Uhr, fuhr ein jede Compagnie nach ihrem Schiff, ich unter Commando eines Lieutenants Heinrich Rentzen von Oldenburg, kam neben anderen auf das Admiral-Schiff Macassar; Nachmittag kam der Fiscal, visitirte, ob all Commandirte auf den Schiffen waren, und welche absent, hernachmals an Land erhascht werden, müssen so lang in Eisen-Ketten gehen, biß dasselbige Schiff, darauff sie gehen sollen, wiederumb kommet.

Den 3. Morgens vor Tag, befahl der Schiff-Patron dem Connestabel ein Canon zu lösen, bedeutete, daß unsere 2. Rayßgesellen, auch ihre Ancker sollten auffwinden, und sich mit uns unter Seegel begeben, unser Feldgeschrey war: Wat Schip? Resp. Macassar, Polsbruck, oder Polrun. Wo von dannen? Resp. Battavia. wohin? nach Columbo [2]); bey anbrechendem Tag, welches in disem Horizont, das gantze Jahr, allerdings fort und fort umb 6. Uhr geschicht, und umb 6. Uhr auch wieder Nacht wird, segelten wir mit dem Landwind, Bantam vorbey, Nachmittag, wie der See-Wind anfieng zu blasen, und der Sturm Contrar war, legten wir uns vor Ancker, biß der Strom, und Landwind, Nachmitternacht

Den 4. umb 2. Uhr, wiederumb ankam, da wir fort rutscheten, biß an das Princen Eyland (Insul) umb Brennholtz und Wasser einzunehmen, damit

Den 5. 6. und 7. also drey Tag zubrachten, ich gieng mit einer Flinten, neben noch 5. auch bewehrten Soldaten an Land, die Holtzhauer vor den Tygern zubeschützen, und etwas Ge-

---

[1]) S.S. 32.   [2]) Die Hauptniederlassung in Ceylon: Colombo.

wild, Pfauen und Endten zuschiessen, dergleichen (weil diese Insul unbewohnt) viel zubekommen.

Den 8. abermal bey anbrechemden Tag, lichteten wir unser Ancker, lieffen den Tag die Straß vollend durch, und kamen gegen den Abend in See, der Wind war Sud-Ost zu Suden, unser Cours Westen zu Norden.

Den 9. wurden 2. Quartir gemacht, damit ein jeder wissen mag, wann er auf die Wacht ziehen, und widerumb in sein Hangmatt schlaffen gehen soll, bißhero hatten wir noch frey Wasser, und genug, nur bloß im Wasser gekochten Reiß.

Den 10. erwünschten Wind, das erste mal Rantzion, auf jede Persohn täglich ein halb lb. gekochten Reiß, ein halben Schoppen distelirten Arac, 3. Schoppen Wasser, wochentlich 2 lb. zweybachen Brod, ein halben schoppen Essich, $\frac{1}{4}$ eines schoppen Lißbonisch Oel, Sonn- und Donnerstag $\frac{3}{4}$ Fleisch, Dienstag $1\frac{1}{2}$ vierl. Speck, Montag, Mitwoch, Freytag und Sambstag grau Erbis, darüber wir Oel und Essich gossen.

Den 11. 12. 13. 14. und 15. noch all erwünschten Wind, näherten der Wester-Cüst zimblich, gegen Nacht in der andern oder Hundewacht, zwischen 10. und 2. Uhr, sahen wir recht gegen Nord-West, ein Continuirliches Blitzen: und allerdings schwartz und roth durcheinander förchtige Wolcken, in der Tagwacht umb 3. Uhr, änderten wir unsern Cours von Westen zu Norden, gen Norden zu Osten, also 9. Strich inclusive [1]).

Den 16. still, den 17. 18. und 19. Variablen Wind, die Luft bezoge sich rings umb uns mit finsteren Wolcken, daß wir

Den 20. und 21. weder Sonn, Mond, noch Stern sahen, vermutheten ein starcken Sturm, darumb wir unsere Segel einnahmen, und zum Beylager [2]) uns fertig machten.

---

[1]) Also 8 Strich inclusivè.

[2]) Ndl. Bijleggen: das Schiff in eine mit Rücksicht auf Wind und Wellen sichere Position bringen. S.S. 39.

Den 22. kam der Wind allgemach von Westen her, wir hielten unsern Nordlichen Cours, noch allfort continuirliches Donnern und Blitzen, welches mich sehr verwundert, darumb bey etlich alten Schiffleuthen fragte, was die Ursach seyn möchte? die sagten, daß umb dise gegend der Wester-Cüst, völlige 6. Monath, dergleichen Wetter seye, auf disem Land wachse vihl Pfeffer, und finde man in den Bergen Gold, dahero die Holländer nach lang geführtem Krieg, etliche Vestungen alldorten gebauet, und mit Soldaten noch auf den heutigen Tag besetzt haben, die selthin kommende Europianen, sind unglückseelig, wegen unerträglich ungesunden Luft, in deme keiner 3. Jahr alldorten harren kan [1]), sondern unfehlbar sterben muß, wann er nicht inner solchen Zeit abgelöst, und von dannen gehohlet wird, dahero, jährlich frische Besatzung dahin muß; die allda sterben, sterben plötzlich, fallen oft bey sitzendem Essen oder Trincken dahin. Ihre Speisen sind, Reiß an statt Brods, Püffel-Küh- und Schweinenfleisch, Gewild und Fisch die Fülle, ihr Tranck Suri von Kochus bohmen, Zucker, Bier, von 3. 4. Jahren alt, so sie unter der Erden bewahren.

Den 23. starcken Wind auß W. wir sahen unzehlbar vihl Fisch, die wir Springer heissen, sind gemeiniglich 2. Ehl lang und 2. Ehl dick, haben starck Fleisch, und schwimmen continuirlich gegen dem Wind, wann sie sich, wie heut geschehen, mit schiessen auß dem Wasser, in der Lufft sehen lassen, muthmassen die Schiffleuth Ungestimme Wind und Unwetter, unsere Bothsgesellen haben etliche diser Fisch, mit einem Instrument, welches sie Elliger [2]) nennen, geschossen; in diser Nacht ist unser Gefährt, das Schiff Polrun, von uns kommen, nicht wissend, obs der Schiffherr mit Fleiß gethan, oder ob es auß

---
[1]) Vgl. die Erfahrungen Hesse's (in unsrem Bd. X).
[2]) Ndl. „elger", ein der zackigen Gabel Neptuns ähnliches Instrument.

Unvorsichtigkeit deß wachthabenden Steurmans geschehen, wir behielten unsern Cours, und segelten mit dem Vocken und Schoberseegel.

Den 24. müßten wir wegen harten Winds, unser groß Seegel einnehmen, und unser Schiff oben allenthalben mit gebechten Tüchern, wol verwahren und zumachen, weilen die Wellen so hoch, wie grosse Berg daher gestigen, und uns zimblicher massen, in dem Schiff überfielen.

Den 25. 26. 27. und 28. noch all erleidenlichen Sturm, mit deme wir in dem etlichmal 25. à 30. Meil avancirten.

Den 29. hartern Wind, unser noch bey uns seyender Gefährt Polsbruck, ließ morgens umb 9. Uhr, ein Zeichen sehen, daß er vihl Wasser in seinem Schiff und dahero Hülff vonnöthen hätte, wir naherten ihme, der Schiffherr sagte, seine Pompen seyen untüchtig, ob wir ihme mit einer oder zweyen könten verhülfflich seyn, so ihme willfahrt worden. Wir hatten Gottlob ein gutes Schiff, und der Pompen nicht vonnöhten, in diser Nacht ist auch diser unser Gefährt, uns auß dem Gesicht kommen.

Den 30. Nahmen wir unseren ein Segel vollendts ein, liessen Steng, Reh und Bisan hernider, und machten uns zum Beylager [1]) fertig, das ist, man bindet das Ruder an, und läßt das Schiff auf Gottes Gnad, von den Wellen und Wind treiben, das Beylager währete

Den 31. Octob. den 1. 2. 3. und 4ten Novemb. also 5. Tag, Nov. 1676 dadurch wir, nach gehaltenem Schiffs-Rath, unsern grossen Mastbaum, weil durch das grausame hin- und wieder fallen des Schiffs Untergang besorget wurde, umbhaueten und verlohren, biß dato haben wir keine Höhe der Sonnen bekommen können, dahero auch nicht eigentlich gewust, wohin und wie weit wir verworffen, biß

---

[1]) S.S. 37.

Den 5. vor Mitternacht, kam der Wind aus Osten zu Suden zimblich gelind, wir machten unsere Segel wieder auf, pfeilten[1]) die Sonn bey ihrem Aufgang, nahmen Mittags die Höhe, und pfeilten sie wieder bey ihrem Nidergang, befunden, daß wir nahe bey der Æquinoctial-Linien, also nicht, wie wir geförcht, von unserm Cours weit verworffen worden, segelten Nord-Ost zu Ost: die gantze Raiß hatten wir Vögel bey uns, die Malle-Merven genennt werden, ernähren sich von fliegenden Fischen, sie verliessen uns, wegen der grossen Hitze, die uns überfiel.

Den 6. hatten wir stetigen Wind, lieffen von Morgens umb 6. biß Abends umb 6. Uhr 20. Meil fern, und befunden, daß wir des andern Tags

Den 7. Nachmittag umb 1. Uhr schon durch die Linien passirt waren, starben zwey Soldaten und drey Boths-Gesellen, die Abends, nach dem Gebett, über Borth ins Wasser geworffen worden, hatten noch bey die 20. Krancke, am Scharbock.

Den 8. veränderte sich der Wind, und kam von Suden, wir nahmen unsern Cours recht gegen Norden, des Bothsmanns Jung fieng heut ein grossen Hey, in welchem 4. Junge gefunden worden, neben etlich Menschen-Beinen.

Den 9. ersahen wir, fern von uns, ein kleines Fahrzeug, welches nach uns kam, wir warteten seiner, Nachmittags umb 3. Uhr kam es zu uns, wir vermeynten etwas neues zu hören, unsere Orlamen [2]), das seynd Leut, die schon zuvor in Indien gewesen, redeten sie an in Malley-Ambones- Singules- Mallabar- und Maldivischer Sprach, sie aber antwörteten in einer unbekandten, die Niemand verstehen kondt, und zeigten daß sie Durst hatten, unser Schiffherr ließ ihr Schiff visitiren, darinn

---
[1]) Ndl. peilden, d.h. bestimmten die astronomische Richtung der Sonne in der Absicht die Abweichung der Magnetnadel zu erfahren.

[2]) Mal. orang lama: Jemand der sich schon lange Zeit im Lande befindet (Mal. lama = alt).

waren 24. Indianen mit langen Haaren, die sie auf der lincken Seiten ihres Kopffs aufgeknipfft, hatten bey sich 12. Springhanen oder Doppelhacken, etwas Pulver und eiserne Kugel, zimblich Reiß, Pfeffer, und gedörrte Fisch, aber kein Wasser, wurde gemuthmasset, daß sie Indianische Partheygänger seyn müsten von der Wester-Küst, und von dem letzten Sturm so weit in See verworffen worden, der Schiff-Herr befahl weiter, man solle die Leuth mit ihren Victualien ins Schiff nemmen, ihr Fahrzeug schlaiften wir mit einem starcken Sail hinden nach, ihnen wurde Rantion von Brod und Wasser gegeben, musten hergegen das Wasser aus dem Schiff pompen, und das Schiff mit fegen sauber halten;

Den 10. 11. 12. und 13. war der Wind noch all Sudlich, unser Cours Nordlich.

Den 14. veränderten wir unsern Lauff, und legten an Nord-West zu Westen, der Wind war noch all, wie zuvor, aber etwas stiller; dato fiel die auf dem Vockenmast gesessene Schiltwacht, weil ein Sail, daran er sich heben wollen, gebrochen, in das Schiff hernider zu tod.

Den 15. sahen wir, daß das Wasser sich verändert, der Steurmann ließ des Nachts das Loth außwerffen, kondte aber, unangesehen die Loth-Linien 200. Klaffter lang war, keinen Grund erreichen.

Den 16. veränderte sich das Wasser noch mehr in weisse Farb, wir machten unsere Ancker und grosse Sailer fertig, umb in Zeit der Noth dieselbe zu gebrauchen.

Den 17. wurde gesagt, welcher am ersten Land werde sehen, solle 6. Rthlr. und ein Maß Wein haben.

Den 18. hatten wir sehr lieblichen Wind und feinen Fortgang, es schlugen die Wellen einen Boths-Gesellen, welcher ausser dem Schiff auf einer gemachten Stellung stund, und

Wasser, das Schiff zu waschen, schöpffete, in das Wasser, das Schiff wurde gleich gewendt, die Segel gestrichen, und das Schuitgen außgesetzt, ihme nachgeschickt, und nach Verlauff zweyer Stunden, ist er wiederumb in das Schiff gebracht worden.

Den 19. schon Wetter und guten Wind, wurden 2. Bothsgesellen strittig, kamen in ein Gefecht mit Messern, wurden beyde gequetscht, solches kam vor den Schiffherrn, derowegen sie beyde, als muthwillige Ubertretter der angeschlagenen Placcaten, dreymal von der Ree, ins Wasser fallen müßten.

Den 20. morgens umb 6. Uhr, stig unser Bohtsmann, ein wohlerfahrner Seemann, auf die grosse Bramsteng, das ist der höchste Ort auf dem Schiff, sahe hin und wider, und ruffte bald mit lauter Stimm, Land, Land, der Schiffherr, fragte warzugegen? wird ihm geantwortet gegen Nord-Ost, sehr hoch Land; wir veränderten unsern Cours von Nord-West zu Westen, nach Norden zu Osten, also 7. Strich inclus. höher als zuvor, der Steurmann warff das Loth, funde ein Sandgrund auf 80. Claffter tieff; Nachmittag umb 3. Uhr, konte man an einem Berg, der sehr hoch und spitzig, genandt Adams Picq, erkennen, daß diß Land das rechte, welches wir begehrten, nemblich die Insul Seylon war; gegen Abend veränderten wir abermal unsern Lauff gegen Osten, und Osten zu Norden zwischen beyden, begehrten dise Nacht noch nicht, nahe bey Land zu seyn, weil wir ohne dem die Reede bey Tag nicht erreichen können; bey anfangender Nacht, in der ersten Wacht, zwischen 6. und 10. Uhr, hatten wir noch Grund, in der andern und dritten Wacht, nicht mehr;

Den 21. morgens bey anbrechendem Tag, veränderten wir abermal unsern Cours, und segelten scharp mit einem Sudwestlichen Wind, recht gegen dem Land Sud-Ost, Vormittag, umb

10. Uhr, sahen wir die vor Ancker ligende Schiff auff der Ree, bey der Stadt Colombo, in dem kam der Wind etwas Westlicher, vor uns 4. Strich bequemer, umb 12. Uhr hatten wir sandigen Grund, 40. Clafter tieff, anjetzo muste das Loth continuirlich außgeworffen werden, weil die Tieffe alsgemach sich verlohr, und das Land, nach und nach besser sehen ließ, heut hatten wir in Wasser gekochten Reiß genug, und wurde das Wasserfaß, frey gegeben, wir müsten auf diser Reiß oft Hunger und Durst leiden, unangesehen Speis genug, und noch über die 40. zwey aymerige Faß voll Holländisch und Battavisch Wasser im Schiff war, mitlerweil machten sich die Militaire fertig, umb noch heut, mit ihrer plunderage [1]) an Land zugehen, ein jeder zog seine beste Kleider an, und freuete sich, unsere Kriegswaffen, die biß dato in deß Connestabels Kammer [2]) verwahrt gewesen, theilte man wider auß, umb bewöhrt, wie es der Gebrauch, auß dem Schiff zutretten. Unsere Flacken weheten fornen, hinden und oben auf dem grossen Mast, biß wir Nachmittag umb 3. Uhr, unser Ancker liessen fallen, hatten noch 12. Klaffter tieff Wasser, der Connestabel müßte ein Canon Schuß thun, und ein Bohtsgesell die Admirals Flack, auf dem grossen Mastbaum, vor der Stadt Columbo streichen, und aber gleich wider aufziehen, darauf wurde all unser Canon gelöset, und von dem Colombischen Wasserpaß, 7. mahl zur Danksagung geantwortet; es liesse der Gouverneur diser Stadt uns auf 2. grossen Land Chaloupen an Land hohlen, und vor sein Haus, durch unsern Lieuten. führen, er bewillkommete uns sehr freundlich sagte, wir sollten 3. freye Tag haben, weil wir von einer schweh-

---

[1]) Ndl. Plunderage: die Habseligkeiten des Soldaten oder des Seemanns.
[2]) Ein Raum aufd em 2ten oder 3ten Verdeck, dicht beim Ruder, wo der Konstabel seine Artillerie-Bedürfnisse verwahrte und wo einige Beamten, welche nicht in die grosse Kajüte gehörten, untergebracht wurden.

ren Rayse kämen; wir wurden unterdessen in den Wachten untergestossen, ich hatte mein Posten in dem Casteel an der Port de Gala, hart an dem Meer gegen Suden gelegen, die Weite von Battavia biß Colombo, die wir von dem 3. Octobris biß den 21. Novemb. also inner 49. Tagen übergesetzt, ist

FÜNFFHUNDERT HOLLÄNDISCHE MEIL, ODER ZWEYHUNDERT UND FÜNFFZIG TEUTSCHE

Den 22. traffe ich allhier 3. Landsleuth an, einer Hanß Bernhard Fiderer von Winnenden, Beckenhandwercks, der ander Hanß Philipp Heineman, ein Scribent, eines Pfarrers Sohn von Hofen, dise beyde sind widerumb nach Battavia geschiffet, der dritte Jacob Bernhard Sitzler, von Brettach Newenstätter-Ambts, ein Schneider, der Anno 1681. als ich hinweg gezogen, noch in Columbo verblieben, ich bestellete meine Taffel, nahe bey der Wacht, bey einem alten Singulesen Weib, umb willen sie etwas Teutsch reden kondt, gab ihro Monatlich mein Kostgeld, wie ich es von dem Cassir empfieng, 10. ß. macht Teutscher Wehrung 2. fl. und 40 lb. schwartz Reiß; dise Fraw nehrete sich mit kochen vor die Niderländer, in deme sie continuirlich bey 20. oder mehr Persohnen, und doch einen jeden auß absonderlichem feinem Porcellinen Geschürr, mit Fleisch, Fisch, Feigen und dergleichen, Tags 2. mahl, als morgens um 8. und Nachmittag umb 4. Uhr, in einer nur von Laub gemachten Hütten, speisete.

Den 23. führeten mich meine Landsleuth zur Stadt hinauß, in ein lustigen Garten, Tang Salgato genandt, alldar wir frische Suri, von den Kochusbohmen, morgens früh truncken, mittags aber ein warmen Tranck, genandt Massack, bereiten liessen, der wird folgender Gestallt gemacht; erstlich nimmet man in ein Imigen Haffen, 8. Maß süsse Suri, und ein Maß Arac (Brantenwein) diß last man unter einander kochen, biß es schaumet, alsdann nimbt man 20. oder 25. Eyer, die kloppft man erst und geußts darein, darvon der Tranck gantz gelb wird, ferner etlich stücker Königs Zucker, welcher von Delliches Bohmen [1]) gemacht wird, und etwas Muscatnus und dessen Fuli oder Blüt darein gethan, den wir warm trincken, kostete ein halben Reichsthl. darneben warteten uns etliche Frauenleuth, die man Bulliators [2]) nennet, mit seltzamen sprüngen auf, ihre Arm und Füß waren voll mit kleinen Rollen, und ihre spannen lange Ohren mit Gold behengt; sie sahen an meinen Kleidern, daß ich erst auß Europa kommen war, wollten vihl mit mir reden, ich aber, weil ich sie nicht verstund, schüttelte den Kopff, und weißte sie von mir.

Den 24. giengen wir ein Stund von Colombo, nach Matual, in ein andern Garten, dar etliche zahme Elephanten lieffen, die ich zu sehen verlangete, als ich solche gesehen, giengen wir in eines Portugesen Haus, welcher uns wol tractirte, und gegen Abend auff einem Elephanten heimführen ließ.

Dato gieng ein Ambassad. Nahmens Bucquoi, mit Präsent eines Löwen nacher Candi [3]).

Den 25. biß den 30. müsten wir alle Tag auff dem Trillplatz mit Mußqueten Exerciren, unser Trillmeister, war, Heinrich Sommer, auß Braband, und deß Nachts 2. Stund auf Schildwacht stehen, auf disem Posten lage ich, biß

Den 21. April. also 5. Monath, und übete mich etwas, in der Apr. 1677 Singules- und Portugesischen Sprach, die einem allhier sehr dienlich und nothwendig, biß ich

---

[1]) Verderbt für Terrie- oder Terries Bäume, ein vorderindischer Name der Jagerbäume oder Lontarpalmen (Borassus Flabellifer).

[2]) Portug. Bailadeiras: Tänzerinnen.

[3]) Im Hinterlande, wo sich die kaiserliche Residenz befand.

Den 22. neben noch 29. militairen, nacher einer 8. Stund von hier gelegener fortress Galture [1]), umb selbiges mit Schantzen besser zuverwahren; Hiervon will ich anjetzo still schweigen, und von diser Insul Seilond, deren Städt und Innwohner, Thier und Früchten, so vihl mir wissend schreiben, sie hat in dem Umbkreiß ungefähr 200. Holländische Meil, ligt in dem Indischen Meer, unweit den Maldivischen Insulen, und den vasten Cüsten Carmantell und Malabar; sie ist von den Spaniern [2]) vor 200. Jahren erfunden, und das Königreich Cotta [3]) warunder das Land und Stadt Columbo ligt, zum ersten, folgender maßen angetastet worden; die Spanier kamen mit zwey Schiffen Volcks, wo jetzt Columbo ligt, an Land, dessen der Singulesen König zu Cotta, benachrichtiget wurde, mit Krieges-Macht, ihnen entgegen zog, aber vergebens, weil sie das Pulver nicht riechen kondten; die Spanier fiengen an auf dem flachen Land, eine Schantz zu bauen [4]), und deß Landes sich zuerkundigen, nach erhaltenem Succurs, und weil ihnen das Land wol gefiel, bekriegeten sie nicht allein den König zu besagtem Cotta, verjagten ihn auß seinem Wohnplatz, und verwüsteten denselben, zumahlen jetzunder alldorten, ein Cral [5]), da die wilde Elephanten gefangen werden, gemachet ist, sondern grieffen nach und nach weiter umb sich, biß sie von den Siben, auf der Insul gewohnten Königen, Sechs bezwungen, und den Sibenden aber, welcher mitten in der Insul, zu Candi, wohnet, mit gegen seinen Unterthanen verübter Tyrani, erzürnet, daß er schwehre Krieg wider sie und ihre, rund umb das Land am Meer und 20. Meil Landwerths inn, gebaute Städt und Fortressen, continuirlich

---

[1]) Kaltura, südlich von Colombo.   [2]) Zu verstehen: Portugiesen.
[3]) Bei Colombo.
[4]) Die älteste Ansiedlung der Portugiesen auf Ceylon datiert von 1518: Lopo Soares zu Colombo.   [5]) Einzäunung. Portug. Curral, Ndl. Kraal.

geführt, deren Nahmen sind erstlich die Städt und Castel Colombo, 8. Stund von dar Ostwerts hin, die Vestung Negombo; von hier 20. Meil ferter, das Fort Calpintin, 22. Meil, weiter ein Schantz Aripen, zwischen disen beyden, die hiebevor berühmt gewesene Perlen Banck ligt, 6. Meil ferter, ein zimblich Fortreß auf der 7. Meil innhabenden fruchtbaren Insul Manara, welche Insul ein Arm gesaltzenen Wassers, eines gemeinen Canonschuß breit, von Seylond scheidet; 22. Meil von Manara ligt die Stadt und Vestung Jaffanapatanam, mit seinen Vorwachten rings umbher, Paß-Pfeil, Paß-Beschützer, Paß-Elephant, und Pünt de Pedre [1]; 36. Meil ferter, die von den Holländern, wegen deß Frantzosen gebaute Vöstung Trinconamala, welche dise letztere Anno 1674. unter Commando Monsieur La Hey, als Vice Roy auß Franckreich, sambt seiner sehr bequemen Bay, dar die Schiff sicher ligen können, schon innen gehabt, aber von den Holländern wider hinweggetriben worden [2]; 40. Meil von disem Trinconamala, ligt die Vöstung Battacalo, von dar biß Pünt de Gala, ists 30. Meil, von dar, nach Alecan 11. Meil, von Alecan biß Calture 5. und vollend wider auf Colombo 6. Meil, also der gantze Bezürck diser Insul, den ich, wie nachgehends zufinden ist, meistentheils selber marchirt, in allem 206. Meil in sich hatt; die inwendige in dem Land gebaute Wachten, sind 6. Stund von Colombo Maluane, zwey Stund ferter Hanguelle oder Gourwebel, 4. Stund ferter Sittawaca, 4. Stund ferter Ruenell, 8. Stund weiter Saffrigam, und Bibliogam, widerumb herwerts 12. Stund von Colomb. Anguradotten

---

[1] Punta das Pedras: die Nordspitze Ceylons, jetzt Point Pedro.
[2] Eine französische Flotte unter De la Haye hatte, noch in voller Friedenszeit, Trincomali (an der Westküste Ceylons) besetzt und beschäftigte sich dort mit dem Bau einer Verstärkung. Rijcklof van Goens griff auf eigne Initiative diese Flotte an und eroberte die Verstärkung (1672).

und Caudingellen, alle an zweyen auß deß Königs von Candi Land fliessenden, Edelgestein reichen Refier gelegen; besagte Insul Seylond, hat vornemblich zweyerley

Innwohner, die von Negombo, über Colombo, Galture, biß nach Gala [1]), werden genennet Singulesen, sehr wolgeformbte, theils schwartze, theils gelbe Leuth, die Männer haben lange glatte Haar, bekommen grosse Bärt, wie die Schweitzer, werden ins gemein fornen auf der Brust gantz harig, mit welchem sie hoffärtig sind, kleiden sich mit einem stücklen Leinwad, umb die mitten deß Leibs, von dem Nabel an, biß auf die Knie, doch wird auch mit Kleidern ein Unterschied, zwischen den grossen und gemeinen, strictè gehalten, als da sind erstlich der König, mag sich kleiden wie er will, sein Hauben ist von Seyden und Gold durcheinander gestickt, einer Ehlen hoch, fornen mit einem grossen Carfunckel, und mit vihlen Rubin und Saphiren, rund umbher, oben darauf noch mit einem Paradis-Vogel geziehret, sein Hemd und Camisol, vom feinsten Catun, mit gulden durchbrochenen Knöpfflein zugemacht; ein Kleidlein von gefärbter Seyden hat er 4. oder 5. fach umb seinen untern Leib biß unter die Knie, seine Strümpff hat er mit Riemlein, daran silbene Scheiben, eines kleinen Dellers groß ob den Waden zugethan; seine Schuh sind nur Sohlen von Leder, mit etlichen Riemen, durch einen der grosse Zehe, und durch die andere 2. oder 3. der gantze Fuß, mit einem hinden herumb zuziehenden Riemen, alle voll mit Saphir und Rubinen besetzt, gehet. Sein, einer Ellen lang sehr schwer, in einer puren silbern Scheiden, mit einem von lauter Edelgestein gemachten plumpen Gefäß steckenden krummen Degen, hat er fast unter dem Arm, auf der rechten Seiten, an einem breiten Seidenen Band

---

[1]) Der zweitwichtigste Seehafen Ceylons: Punta Gala oder Galle.

hangen, auf der lincken Seiten zwischen dem Hembd und dem Unterkleid, hat er ingleichem ein von Gold und Edelgestein beschlagen langes Messer und spitzigen Griffel, damit er auf Laub schreibet, krätzelt [1]), in einer Silbern Scheiden stecken; Seine Räth und Feldherrn, die Pisare [2]) genennet werden, mögen sich auch wol in Seiden, Gold und Silber kleiden, aber ohne Edelgestein, sintemal dergleichen den geringsten aufzuheben oder zu suchen, bey keiner geringern als Lebensstraff, in seinem gantzen Königreich, dem Grossen so wol als dem Kleinen verbotten ist; Seine Corals [3]), das ist ein Gewalthaber über ein gantzen Corl Graffschafft, mögen sich auch mit einem Seidenkleidlein anthun, der einen Stab, mit deß Königs Wapen, auf einem silbern Knopff führen, keinen Degen noch Strümpff, wol aber hültzerne Bantoffel, sehr artlich und leicht gemacht, so, daß sie nur zwischen dem grossen und anderen Zehen, an einem hültzenen Zäpfflen hangen, disen Corals folgen die Adeliche Persohnen, die sie Apohami [4]) nennen, welche wie die Corals dörffen gekleidet gehen, außers daß sie ihre gestrickte Kapp, nicht dörffen auffsetzen, wol aber auf den Kopff legen, dise wann sie in die Stadt kommen, kan man sie daran- und daß sie einem Sclaven mit einem Talpatt [5]) oder Blatt vor den Regen, ihnen nachtragen, erkennen; disen folgen die Schreiber, und dann die Bauren, welche die Reißfelder bauen, sie müssen Leinenkleidlen tragen, keine Degen, Strümpff, Schue noch Kappen, wol aber ein Messer, und eisenen Griffel, obgesetzter aller Weiber, dörffen sich mit Kleidlen, biß auff den Boden, und

---

[1]) Lontar-schrift. [2]) Schweitzer meint vielleicht: Adigare.
[3]) Eine Ceylonische Provinz hiess ein Korle (von Singhalesisch „Korale"). In der holländischen Zeit nannte man die Verwalter dieser Provinzen die „Koralen". [4]) Ein stellvertretender Koral.
[5]) Talpat oder Tolipat, das Blatt von Corypha umbraculifera, L.

oben mit kurtzen Bajuwen [1]) oder weiten Gollerbüblen, die Brüste; den Bauch aber einer Handbreit biß auf den Nabel nicht bedecken; denen nach gehen die Handwercks-Leut, erstlich Zimmerleut, und Grobschmid, Gold- und Silberschmid, Steinschleiffer, Wildschützen, Haffner, Kalckbrenner und Barbierer, dörffen sich und ihre Weiber mit mittelmässigen Leinwad, von dem Nabel kleiden, und mit etwas Gold an den Ohren ziehren, Tivitors[2]), die den Tranck von den Bäumen samblen, und den Zucker kochen, Tschallias [3]), sind Leuth die den Zimmet schelen, Fischer auf den süssen Refieren, und in Meer, Lascrins [4]), ihre Soldaten, Mainetts [5]), ihre Wascher, Borrowayen[6]) ihre Trommelschläger. Culin [7]) heißen diejenige, welche einen umb das Geld hin und wider tragen, Vatins Gasten und Zubjes Gasten [8]), sind die verachteste, die Letztere dörffen nicht auf den Erdboden, sondern continuirlich ein Wannen bey sich haben, darin sie sitzen mögen, vermögen auch nicht unter einem Dach zu schlaffen, allen deren Weiber, müßen mit dem obern Leib bloß gehen, bey Straff, gegeisselt zu werden.

Der Singulesen Sprach belangend, wann sie zehlen, lautet Eckai, das ist eins, deccaj 2. dunay 3. hattaray 4. palray 5. hajay 6. hattay 7. attay 8. nahahay 9. dahahay 10. eccollahay 11. dollahay 12. dahattunay 13. dahattaray 14. pahallohay 15. wishay 20. dihay 30. hattalishay 40. paswishay 50. sihay 100. Wann einer den anderen grüsset, greifft er an die Stirn, und sagt Deowerdende Sacradende Neinde, der ander Antwort hinwie-

---

[1]) Malaïsmus: „badju", etwa ein Jäckchen.
[2]) Wahrscheinlich ein der Tamilsprache entlehntes Wort (Ndl. Tifidor und Tijferaar).   [3]) Chalias.   [4]) Von Pers. Lasjkar (Heer).
[5]) ?
[6]) Tamburinspieler.
[7]) Kuli's (Das internationale Wort Kuli ist malabarisch).
[8]) Das Substantiv „Gasten" macht wahrscheinlich dass die Wörter Vatins Gasten und Zubjes Gasten der Matrosen- und Soldatensprache angehörten.

der mit selbigen Worten, will er fragen, wohin gehet ihr sagt er Gaudi Januade, der ander duttwa netti, ich weiß es nicht, Feuer nennen sie Genere, das Wasser Diwere, ihre Schrifften, sind mit einem Griffel auf Laub von Zuckerbomen gekrezt, folgender Gestallt,

ᬧᬕᬦ᭄ᬣᬾᬗᬶᬳᬶᬦᬶᬂ

Wann sie solche Schrifft lesen, singen sie es mit einem langen Thon hinden daran, schreiben einander auf solchem Laub, und können selbige Ehlenlang und 2. fingerbreite Blätter, solcher Gestallt zusamen legen, daß sie nicht unvermerckt können geöffnet werden, die Jugend lernt auf dem Boden mit den Fingern schreiben;

Der Singulesen Glauben betreffend; Sie sagen erstlich, daß Gott, welchen sie Deine nennen, im Himmel regiere, und der Teuffel auf Erden, darum sie dem Teuffel, den sie Jaccje heissen, dienen, nicht allein in ihren Tempeln mit Opffern und Singen, sondern auch nächtlicher Weil in dem Feld, unter absonderlicher Art von Bäumen, die ich den Lindenbäumen am besten vergleichen kan, umb welche rund umher eines halben Manns hohe Mauer gemacht ist, mit Tantzen, Singen und Springen, unter währendem Tantzen fähret der böse Feind in einen unter ihnen, und redet, auf Befragen des Teuffelsbanners, von zukünfftigen Dingen, ob es ein fruchtbares Jahr, item grosse Wasser, und dergleichen, geben werde? solche besessene Person wird von allen zugegen seyenden respectirt und grosse Ehr angethan, endlich, weil er keine Ruh vor dem Satan, wird der Teuffel durch besagten ihren Diener, den Teuffelsbanner, wieder außgetrieben, und von dem Teuffelsbaum heimgeführet. Wann sie sterben, vermeynen sie, sie werden wieder lebendig, und in einen Biffel verändert, darumb sie ihre Biffel, welches ich öffters gehört, Apetje [1]), das ist Vatter, und zu den Biffelkühen, Amme [2]), heisset Mutter, sagen; gemeine Leuth, die nicht schreiben oder lesen können, wann ihnen ein Kind gebohren wird, pflantzet der Vatter einen jungen Jacken oder Jagerbaum [3]) zu dem Hauß, damit er des Kindes Alter wissen möge, welches ich etlich mal erfahren, wann ich, umb etwas zu kauffen zu ihnen hinaus in ihre Aldeen [4]) (Dörffer) gegangen, gefragt, wie alt diß oder das ander Kind, sie mir allzeit einen Baum gewisen, und gesagt, so alt als der Baum; gleichwie aber dem jenigen, der den Baum gepflanzt, die erste Frucht billich darvon zugeniessen gehöre, also seye auch recht, daß der Vatter, wann seine Tochter tüchtig, die erste Blum abbreche.

Die Singulesen halten auch ein Neues Jahr 6. Wochen lang, umb Ostern fangt es an, da sie sich drey Wochen lang alle Tag waschen, und die andere 3. Wochen mit Tantzen, Springen und Frölichkeiten zubringen;

Ihre Wohnungen seynd nach Gelegenheit des Lands gemacht, etliche Dorffweis, die sie Aldeen heissen, etliche wie die Meyerhöf, allein, auf die Höhe, wegen des Wassers, so offt durch grosse Regen sehr hoch wird, von geplackten Mauren, Tächern von Laub, ein Kämmerlein, darinn sie schlaffen und essen, ein anders, darinn sie kochen, bereiten sie, und bestreichen dieselbe alle Wochen mit S. V. Büffelskoth, damit sie vor den Flöhen und kleinen Amaisen sicher seyn können, ihr Geld begraben sie gemeiniglich unter den Feuerplatz, in einem Hafen, oder auch wohl unter die Teuffels-Bäum in das Feld.

---

[1]) Bei Knox: Oppatchi.   [2]) Bei Knox: Omma.
[3]) Die Lontarpalme. Der Name stammt von Portug. „Jagara", abgeleitet von Malayalam „Chakkara" d.h.: Zucker. S. Hobson Jobson.
[4]) Portug. Aldea = Naturellendorf. Abgeleitet von Arab. „ad-day'a". S Devic, Suppl. Littré.

Ihre Speiß, ist Reiß, den sie erstlich in einem höltzenen Plock stampfen, sauber waschen, und in Wasser gantz trucken abkochen; Ihre Nebenspeisen seynd, allerley gesunde Kräuter, Früchten, Wurtzel, gedörrte oder andere Fisch, welche sie mit vihlem langem grünem Pfeffer, oder auf ein andere Weiß, mit Milch von Kochus-Nussen gemacht, kochen, und ein jeder auf ein stück grün Laub, von einem Feigenblatt, sein theyl Reiß nimpt, darauf von der gekochten Zuspeiß giesset, solches durch einander menget, und mit der Hand isset, vor und nach dem Essen aber Hand und Mund sauber waschet, den gantzen Tag hindurch, essen, kauen, sie sonsten Betel, die folgender Gestalt zugericht; Erstlich nemmen sie, ein oder zwey einer Handbreite wolriechende Blätter, die sie Bulatt nennen, wachsen wie die Pfefferrancken, umb andere fruchtbare Bäum herumb; Darauf streichen sie ein Messerspitz voll, sehr feinen, von kleinen Muscheln gebrandten Kalck, wicklen die Blätter zusamen, und stecken in die Mitten ¼ von einem Arec [1]), ist ein Gewächs wie ein Muscat-Nuß, das heißt alsdann ein Betel, dergleichen Sie, wie gehört, den gantzen Tag essen, darvon ihnen der Mund blutet [2]), und dieses zu Verhüttung des Scharbocks, Taback trincken sie auch, nicht mit Pfeiffen, sondern in einem dürren stücklen Laub zusamen gewicklet.

Ihr Handel und Wandel. Sie kauffen gern wolfeyl, und geben gern theuer, wie in der gantzen Welt der Gebrauch; Sie untereinander, weil es meist unvermögliche Leut, haben kein sonderlichen Handel, doch hat mich verwundert, wann ich gesehen, daß so oft ich oder andere Europianen, zu ihnen gekommen, nach Pfeffer, Zucker, Butter, Honig, Feigen, Hüner,

---

[1]) Ndl. Areek, Portug. Areca und Arequa, ein Wort das von Malayalam Adekka stammt. S. Kern, Verspreide Geschriften, XIII, p. 173. Areek ist dasselbe wie malaiïsch Pinang.   [2]) Nur wird der Speichel rot.

Ayer, Reiß oder dergleichen, zu kauffen, gefragt, sie anfangs mit linden Worten gesagt, Netti, heisset Nein, darauf, wann mann weiter mit Güte angehalten, etwa einem Kind ein blättlein Tabac oder etwas wenigs gegeben, sie das Jüngste so im Haus war, gefragt, ob es Rathsam daß man disem etwas verkauff? was nun das Kind gesagt, demselben sind sie nachkommen, und hätten, ob man gleich, zehendoppelt bezahlen wollen, nichts ohne deß Kinds willen verkaufft, und so sie etwas verkaufften, und das Geld darvor empfangen hatten, so baten sie mit beyden Händen, widerumb ein wenig darvon ihnen mitzutheilen, ob sie gleich noch überflüssig darvon im Haus hatten.

Was für Ubel unter ihnen gestrafft werden; Erstlich Diebstahl, ob der schon gering, am Leben, Item all was ihr König gebeut dem muß punctlich nachgefolgt werden, bey Lebensstraff, nicht allein der jenigen, die das Gebott übertretten, sondern auch der Verbrecher gantzem Geschlecht, biß auf das dritte Glied, sintemahlen ich von etlichen, die an deß Königs Hoff, 20. und mehr Jahr gefangen gewesen[1], gehört, daß der Köning von Candi, jährlich mehr als 300. nur von seinen Hoffbedienten, umb schlechter Ursach willen, durch die Elephanten lasse umbringen und ermorden.

---

[1] Europäer, welche das Hinterland Ceylons betraten, wurden auf Befehl des Kaisers gefangen genommen und nur in sehr seltenen Fällen frei gelassen. Sie wurden über mehrere Dörfer verteilt, wo die Dorfbewohner verpflichtet wurden ihnen den nötigen Reis zukommen zu lassen. Weiter mussten sie sich den eignen Unterhalt verdienen. Die Flucht konnte ihnen verhängnisvoll werden. Allmählich verheirateten sich fast alle diese Europäer mit cinghalesischen Frauen, gründeten Familien und verlangten dann nicht mehr nach ihrer Freiheit. Wie sie übrigens gehalten wurden, ist am besten ersichtlich aus den Denkschriften des Engländers Robert Knox, der 1660—1679 in Ceylon gefangen war.

WIE SIE ZU FELDE ZIEHEN, UND KRIEG FÜHREN

Erstlich haben sie einen Feldherrn Dissave [1]), darnach etlich Saudis [2]), so viel als Obriste; Nach denen Aratschi [3]), so vihl als Capitain, Commandirt 20. à 30. Mann mit einem Fahnen, das ist ein Comp. Ihr Artillerie sind Springhanen, gleich den Doppelhacken, stehen fornen auf 2. hültzenen Füssen, und hinden niderer auf einem breiten Fuß, schiessen weil sie kein Bley, mit eisenen Kugeln, einer Baumnuß groß, welche Springhanen die Edelleuth, die dem König dienen, tragen müssen;

Sie ziehen etwa mit 20. 30. 40. à 50 000. Mann zu Felde, lauffen allzumal bloß Fuß, ihre Waffen sind, ein von Eisen gemachter Ehlenlanger schwehrer Haudeeg, ein leichte halbe Picq, wenig haben Mußqueten oder Flenten, mit welchen sie doch nicht gewiß schiessen, und lauffet je all einer hinder dem andern, ob sie schon in die breite Platz genug haben, nur damit die Teutsche ihnen mit Feldstucken, nicht zu viel auf einmal caput machen können. Ihre Tambours seynd zimblich veracht, weil es ein absonderlich Geschlecht von Leuthen, die Büffelsfleisch und Affen essen, man heisset sie Borrowayen [4]), sie haben umb den Leib gebunden, zwey kleine Tamelin, gemacht wie eine Paucquen, und ein anderer hat nur ein grössere, welches der Paß, auf denen sie, nach dem die Soldaten gemach oder schnell Marchiren, wol und artlich wissen zu schlagen, Morgens und Abends auch gewiße Streich haben, ihre Pfeiffer, einer mit einer geraden, der ander mit einer gebogenen grossen Pfeiff, schicken sich wol zu ihnen. Die Teutsche [5]), welche von disen Königischen gefangen werden, sind nimmer zu lösen, sondern

---

[1]) Hoher Würdenträger, gleich unter dem Adigar.
[2]) Vielleicht ist gemeint: Sihattu's.   [3]) Etwa ein Unteroffizier.
[4]) Tamburinspieler.   [5]) Steht für Niederländer (Dietschen, Dutch).

müssen die Tage ihres Lebens, in grosser Veracht- und Verfolgung leben, die jenige, welche zu den Königischen überlauffen, werden von dem König nicht hoch æstimirt, auch ihnen nichts anvertrauet, sondern man gibt ihnen nur nothwendig Lebens Auffenthalt.

Die andere Innwohner diser Insul, von Gala, Patacalo, Trinconamala, Jaffanapatanam, Manara, Aripen, Calpintin, biß Negombo, heissen Malabaren, auch wolgeformbte sehr schwartze Leuth, stehen allesambt unter dem Holländischen Joch, biß auf die von Wani[1]), welche einen absonderlichen Prinzen haben, welcher doch an die Holländer jährlich ein gewißes an Elephanten und Geld, nacher Jaffanapatanam schicken muß.

Dise Malabaren kommen eigentlich, von der nechst bey Manara gelegenen, Fasten Malabarischen Küsten, von etlichen Königreichen her, da der grosse Samerin [2]), König von Gutschin, Calecut, Cananor [3]) und dergleichen wohnen, haben auch verzweiffelte Glauben, Gebräuch und Sitten, etliche betten absolute den Teuffel, den theils Vicebutzli, andere Jostic[4]) nennen, ein Schlang, Crocodil, Elephanten, in Summa was ihnen gefället, betten sie an, und verehrens, essen weder Büffel noch Schweinenfleisch, ihre Todten lassen sie durch alte Weiber, umb den Lohn, ein gantze Nacht beweinen, die nur schreyen: ajo, aniate, ariate, inguwarre, heisset? warrumb bist du gestorben? komm widerumb her und werd lebendig &c. lassens darnach begraben, und verlassen die Hütten, und bauen ein andere;

In ihren Handlungen sind sie etwas geschmützter als die Singulesen, kleiden sich auch ein wenig manierlicher, ihre Weiber

---

[1]) Der Insel Manar gegenüber.
[2]) Gemeint ist der Samorim von Calicut (Samorim bedeutet: Beherrscher des Meeres). [3]) Cochin, Calicut, Cananor.
[4]) Das Wort „Joosje" der Niederländer, abgeleitet von Portug. Deos und meistens gebraucht um chinesische Götzenbilder zu bezeichnen.

lassen sich vor den Christen allerdings nicht sehen, bedecken sich mit weisser Leinwad, allenthalben wann sie außgehen, nur daß sie mit einem Aug ein wenig sehen, ihre Füß sind voll mit silbern Ringen, ihre spannen lange Ohren hangen voll Goldes, ihre Arm und Finger, auch Zehen an den Füssen, sind voll gezieret, mit gulden und silbern Ringen, dardurch man ihrer Ankunfft von fern kan gewahr werden.

Der Malabaren Schrifft und Sprachen betreffend; ihre Schrifften kretzen sie mit eisenen Grüffel, auch auf die Blätter, darvon sie gantze Bücher haben, folgender massen  Wird gelesen Inqua Naziro, bro Wiggere ille, zu teutsch, kompt her Fraw, wollt ihr das Holtz nicht verkauffen; Wann sie zehlen, lautets, Onera 1. Renda 2. Muna 3. Nala 4. Anse 5. Ara 6. Ola 7. Orta 8. Otta 9. Padda 10. Paddona 11. Padda Renda 12. Padda muna 13. Padda Nala 14. und so fort, das Feuer heissen sie Nerpi, und das Wasser Dani. Wann einer dem andern begegnet, greifft er an seine Stirn, und sagt, Damrian Amadran, der ander antwortet hinwieder mit solchen Worten, das ist ihr Gruß.

VON WEM DIE HOLLÄNDER DIESES LAND ÜBERKOMMEN, UND WIE SIE ES BEZWUNGEN

Es haben, wie oben gehört, die Spanier[1]) dises Land anfangs bezwungen, und ist lange Zeit unter selbigen Königs Gewalt gestanden, als aber die Portugesen wider ihren König, den König von Spanien rebellirt[2]), und ihnen einen eigenen König erwehlet,

---

[1]) Zu lesen: Portugiesen.

[2]) Der Autor meint hier die Revolution Portugals gegen Spanien, im Jahre 1640.

ist alle Landschafft, die die Spanier in Orient gehabt haben, zugleich auch mit an dem König von Portugall gefallen, dardurch dem König in Spanien, ein nicht magerer Ochs entgangen, der Ursach er auch biß dahero, schwehren Krieg wider den König in Portugall geführet, aber nicht viel gewinnen können. Selbiger König von Portugall, hat auch sein Heyl an besagtem König von Candi, probiren, und ihn mit Krieges Gewalt, durch Sengen, Brennen, erschröckliches Morden und dergleichen, ängsten und verjagen wollen, aber vergebens, und mit seinem eigenen Schaden, dann es hat berührter König von Candi, die Holländer zu Hülff geruffen, und die Portugesische Stadt und Vöstungen, hievor specificirt, nach und nach eingenommen, die letzte Stadt, die sie vor 28. Jahren belägerten, war die Haupt-Stadt Colombo[1]), da war der jetzt noch Regierende König von Candi, Malabarischen Geschlechts, mit 50000. seiner Soldaten Persöhnlich zugegen, der Holländische General, war der Herr von der Hülff [2]), mit einem Lager von 12. Compagnien, jede à 70. biß 80. Mann, und einer 8. Schiff starcken Floth, welche beyde Feldherrn der Heidnische und Christliche, sich gar wol miteinander vertragen kondten, gute Anstalt, und folgende Conditiones machten, daß nemblich nach Eroberung der alt- und neuen Stadt Colombo, ihme dem König, die alte Stadt zu seiner Residenz, und noch darzu die 8. Stund von dar gelegene Vöstung Negombo, neben dem Königreich Candi, eigenthumblich gelassen werden. Die Holländer hergegen die neue Stadt Colombo, neben all anderen Vöstungen, de sie bereits inhaben, ungehindert behalten, und noch über das, den Handel ihres Gefallens, auf der gantzen Insul, hin und wieder, durch und durch mit allen Innwohnern haben sollen. Nach dem aber be-

---

[1]) Colombo war im Jahre 1656 von den Holländern erobert worden.
[2]) Gerard Hulfft, gefallen vor Colombo 1656.

dittener Herr von Hülff, in einem Lauffgraben todgeschossen,
und durch einen andern Holländischen Admiral, Reitgloff von
Gonz[1]), doch meist durch deß Königs Hülff, welcher in den Gedancken gestanden; es bleibe bey dem gemachten Accord, auß
seinem Land Lebens-Mittel genug verschafft, und so vihl
Volck, præsentirt, damit man die Stadtgräben füllen könne, die
Stadt eingenommen worden, hat er Herr von Gonz, den gemachten Accord gebrochen, und mit seinem Volck, auf den
König von Candi und seine Leuth los gegangen, vihl der ihrigen
mit Stücken darnider gelegt, biß alle in die Flucht getrieben
worden, der König aber, auf welchen das meiste Absehen gewest, ihne gefangen zunemmen, ist auf einem Elephanten, dem
Tantz entrunnen, sich wider in sein, durch grosse Berg, Klippen und Wildnussen, vestes Königreich Candi retirirt, und geschworen, die Tag seines Lebens, dise Untreu und Falschheit
(welche er bey den Christen befunden) nicht zuvergessen, sondern vielmehr mit allerley Verfolgung und Krieg wider sie zu
vergelten, welches er auch gehalten, und die 28. Jahr hero,
etlich 1000. der ihrigen umbringen und gefangen nehmen lassen; Dahero dise Insul Seylon, von vielen eine Mördergrub der
Holländischen Soldaten, bißhero genennet worden, und wann
man einige dorthin commandirt, sie sich anderst nicht eingebildet, als sie gehen nach ihrem Tod, dann es sind die Innwohner oder Singulesen Soldaten nicht allein ihre Feind, sondern
die Blutsauger, deren es auf dem Boden, wann es regnet, so voll,
daß es wimmelt, die den Menschen das Blut außzäpffen, Item
der Hunger und böse nebeliche Luft, dardurch die, deß Landes
noch ungewohnte Leuth, in unterschiedliche Kranckheiten fallen, etliche werden steiff in den Füssen, theils bekommen den
Schwindel, und können den Sonnenschein nicht leiden, Sum-

---
[1]) Rijcklof van Goens. Seine Tätigkeit wird hier sehr ungenau geschildert.

mige kriegen Ambayen [1]), die Persic [2]) und dergleichen bringen die meiste umb das Leben, sintemahlen ich gesehen, daß zu Colombo die meiste Zeit, mehr Soldaten im Hospital als in Guarnison ligen, viel auch sterben, die, weil sie auf dem muthwilligen Weeg, nach dem so genandten Venusberg, Schiffbruch gelitten, in einem heissen Ort, dem Fegfeuer zuvergleichen, wallfarthen müssen.

VON DEN WILDEN UND ZAMEN VIERFÜSSIGEN THIEREN DIESER INSUL

Erstlich von den Wilden.

Elephanten lauffet es voll, sind die geschickste und gelirnigste, unter allen, darumb auch gar vihl auf nachgeschriebene Arth gefangen, nachgehends Zahm, und zum kriegen tüchtig gemacht, hin und wider, in das Königreich Persien, nacher Suratten, an den grossen Mogol und anderst wohin verkaufft, auch von den Holländern selbst in Feldzügen gebraucht werden.

Ich habe bey vihlen alten Singulesen und Malabaren, die von Jugend auf mit den Elephanten umbgangen, und helffen fangen, mich nicht allein ihrer Natur erkundiget, sondern auch nachgehends nach und nach selber vernommen und innen worden, daß dises Thier sehr gute Gedächtnis, und grossen- ja allerdings Menschen Verstand habe, in dem es das Gute, was ihm die Menschen thun, nicht vergisset, hergegen auch das Böse unvergolten nicht lasset, sie Paaren sich nicht wie andere Thier, daß die Menschen sehen, sondern lauffen zuvor in der Wildnuß ein grosses Stück herumb, zu sehen, ob niemand irgend auf einem Baum, oder anderswo, sich aufhalte, und ihnen

---

[1]) Ndl. Aambeien: Hämorrhoiden.
[2]) Von Ndl. Persing, -en: Diarrhöen verschiedener Art.

zusehe; wehe alsdann dem, den sie antreffen: das Männlein hat seine testiculos inwendig, das Weiblein säuget seine Jungen fornen zwischen den beyden Füssen, da es zwey ‚eines Fingers lang, Strichen hat; wann sie gefangen und zahm gemacht sind, paaren sie sich nimmermehr, die Zeit, biß sie ihre Junge bringen, ist sieben Jahr [1]), welches durch die jenige wilde Elephanten, die man gefangen, und in dem Marckstall zu Gala verwahret gehabt, schon zum öfftern ist erkundiget, indeme etliche allererst sieben Jahr hernach, alß sie seynd gefangen worden, Junge gebracht, ihre Junge seynd, wann sie zur Welt kommen, so groß, als etwa eine halbjährige Kalbin; Ihre Speiß ist, Gras, Feigen und allerhand Laub, Kochus-Nuß, Reis und andere Früchten; Sie essen auch Brod, und was man ihnen giebt, welches alles sie mit ihrem Rüssel oder Schlürp müssen in das Maul stecken, das grüne Gras und anders schütteln und schlagen sie zuvor wohl ab, damit keine Amaiß darinn bleibe, dann die Amaisen förchten sie am meisten, weil sie durch das inwendige umher lauffen in dem Schlurp offt vexiret und geplaget werden; sie können, ob sie gleich (ausser dem Schweiff und Ohren) kein Haar haben, dannoch wohl schwimmen: sie werden über 200. Jahr alt, welches man ingleichem an etlich gezeichnet gewesten Elephanten hat erfahren; sie gehen in den Wäldern Troppen-weis, 4. 5. 6. 10. biß 20. miteinander; unter ihnen haben sie einen Führer oder König, dem sie folgen, die Junge gehen in der Mitten, den Tag über stehen sie auf den Bergen, oder in grossen Wildnussen in den schattichten Oertern, so bald aber der Abend herbey kommt, fangen sie an nach der Niedere, da das Wasser und die Baufelder seynd, zu spatzieren, brechen mit ihren Füssen bald einen Weg, daß man sie offt eine Stund weit hören kan, da schreyen die Feld-hütende, und umb

---

[1]) Etwa 2 Jahre.

dieselbige Gegend, wo die Elephanten ausbrechen, wohnende Innwohner einander umb Hüff, erstlich Hu hu, darnach Alia innuwate, heisset, die Elephanten kommen, und wann sie sich ihren Hüttlein oder Gärte nähern, zünden sie ihre, von dürrem Holtz sehr lang darzu gemachte, Fackeln an, und verjagens wiederum mit grossem Geschrey: die, welche die Reis-Felder hüten, sitzen auf einem, auf 4. hohen Stützen stehenden, Hüttlein, singen die gantze Nacht, ausser wann die Elephanten kommen, schreyen sie, und strecken ihre Fackeln hinaus.

Die Elephanten werden auf zweyerley Weis gefangen unter den Malabaren, gegen Trinconomala und Batacalo, seynd einige, die man Elephanten-Fanger nennet, welche durch ihre Teuffels-Künsten, mit opffern eines weissen Hahnen, die Elephanten mit Händen fangen, hernach mit starcken Riemen von Büffels-Häuten, binden und zähmen, die Persianer und Mohren kauffen diese nicht gern. Auf ein andere Art werden sie gefangen, in einem absonderlich darzu gemachten Cral, dergleichen ich einen in dem zwey Stund von Colombo gelegenen Königreich Cotta, bey der Aldee oder dem Dorff Battalamula, gesehen, auch 55. so Junge als Alte darinn helffen fangen; Erstlich würde nach, von den Innwohnern eingenommener Kundschafft, wo und umb welche gegend die meiste Elephanten sich auffhalten, die Jacht von dem Gouverneur zu Colombo angestellt und außgeschrieben, da sich dann alle Innwohner, Grosse und Kleine, auch die Edelleuth, bey etlich 1000. auf den benambsten Platten, einfinden, besagter Gouverneur ingleichem alle Militaire und Tambours, auch Burger, zu sich ziehet, mit Anstalt, der Elephanten Capitain und Jägern, das jagen und treiben, in einem Flügel von 2. à 3. Stunden, mit grossem Geschrey, schiessen und turniren anfahet, den gantzen Tag die Wälder durch, und über die Berg also fortsetzet, deß Nachts aber ruhet, jedoch, damit die im Hatz seyende Elephanten, nicht wider zuruck gehen, rund umb, je einen Steinwurff weit von einander, Feuer lasset anzünden, das jagen wird also continuirt, und kommen nach und nach mehr Elephanten zusamen, dardurch die Gefahr grösser wird, dann so sie zuruck gehen wollen, wird mit Paucquen, Tromeln, blinden Schiessen und Schreyen, gegen ihnen hart gekämpfft, und wann einer durchbreche, giengen die ander diesem nach alle, biß sie etlich und 20. oder 30. Meil Landes inner 4. à 5. Wochen durchstreiffet, und dise Thier, mit Geleit zamer Elephanten, als welche ihnen vorgehen, in den vorbesagten, eine halbe Stund weit inhabenden Cral, nach und nach, einen nach dem anderen, in die Enge, allerding wie ein Pferd in den Nothstall, getrieben, je ein wilder an einen oder nach dem er groß, zwischen zwey zame Elephanten, starck gebunden, über das, noch mit Hunger und Durst, vollends der Gestalt gezähmet, daß sie mit einem Instrument, gleich einem Heuliecher, von einem Kind können regiret werden; zwar sind viel die sich nicht zwingen, oder zähmen lassen, selbige läst man wider lauffen, damit der Saam nicht abgehe.

VON DER ELEPHANTEN NUTZBARKEIT

Die Orientalische Könige und Kauffleuth kauffen solche dem Zoll nach, von dem Boden biß auf den Ruckgrad zu messen, gilt ein jeder Elephant, nachdem er groß, 7. 8. 900. biß 1000. Reichsthlr., theils zum Pracht, weil es grosse Thier, auch brauchen sie solche, wie nun mehr wol bewust in kriegen, mit Ziehung der Stucken, und viel andere Manier, sintemahl der grosse Mogol, in einem Feldzug, 4. biß 500. mit sich führet; Wir haben auch Elephanten, in Feldzügen gehabt, jede Compagnie hatte einen absonderlichen, wie hernach mit mehreren zu lesen seyn wird. Ihre zwey weit heraussteckende krumme Zähn sind Helffenbein, ihr Haut und Fleisch ist nicht zugebrauchen, die Haut ist zu dick, und wohnen allhier keine Leuth, die solche bereiten können; Ihr Fleisch ist sehr weich, wie ein Schwamm, und inner 2. à 3. Tagen gantz verwesen, ihre Haar auß dem Schweiff, werden von den Indianern in die Ring gemacht, seye ein bewehrtes Mittel vor den Krampff; wann sie etwas ziehen, gehen sie als überzwerch, und sehen continuirlich mit einem Ang hinder sich, nach dem Wagen, vielleicht darumb, daß man ihnen nicht etwas darzu aufflade, wann das geschicht, ziehen sie gar nichts mehr, biß mans wider herrunder thut; in Colombo und zu Jaffanapatanam habe oft gesehen, wann die Elephanten grosse Stein zur Fortification müssen ziehen, und die Glock 11. geschlagen, da alle Sclaven und Handwercks-Leuth von der Arbeit gehen, die Elephanten ingleichem, ob sie schon nur noch 20. oder 30. Schritt zu dem Ort, da die Stein seyn sollen, gehabt, unangesehen ihr Fuhrmann ihnen mit guten Worten zugesprochen, still gestanden, und die Seyler von sich geworffen, und nach ihrem fühterungs Platz gegangen.

Wilde Püffel, gibt es auf hiesiger Insul, vornemblich bey Calpintin und selthin gar viel, sie sind in der grösse eines Podolischen oder Ungerochsen, aber dicker und stärcker, ihre Köpff stehen fast gerad hinauswerts, haben Hörner zwey Ehlenlang, sie sehen Aschenfarb, ligen den Tag über biß an die Naß im Wasser, und deß Nachts gehen sie auf der Wayd, ihr Fleisch ist zwar gut zu essen, wann es ein oder zwey Tag im Saltz gelegen, aber doch zimblich hitzig, darvon die Leuth, die Persic oder den Rothenlauff gemeiniglich überkommen, sie sind dem Menschen sehr gefähr, vornemblich den Europianen, und noch mehr wann sie Junge bey sich haben.

Tigerthier, sind hier in Uberfluß, sie thun Schaden Menschen und Vieh, vielmehr aber den Elenden und Hirschen; sie sind in der Höhe eines grossen Esels, und etwas zimblichs länger, haben gelbe oder weißlechte Flecken, ist eine rechte Lux oder Katzen Art, ihr Fleisch ist weiß, wird von vielen Leuthen gegessen, auß ihrer Haut machen die Leuth allhier Rantzen, oder beziehen ihre Truchen darmit; sie haben ein Geruch von Muscus, daran die Jäger ihre Gegenwart, wann sie anderst den Wind mit haben, verspühren, und ihnen entgehen können; den Hunden sind sie am gefährsten.

Bähren gibt es auch allhier an unterschiedlichen Orthen, dise wiewol sie auch schädlich sind, werden nicht so übel geförcht, als in Teutschland die Wölff.

Jackhalsen, ist ein Art wie die Füchs, haben nur ein spitzigers Maul, bey Tag sind sie in den Speluncken, deß Nachts aber, kommen sie 100. oder mehr mit einander, biß an die Stadt Colombo, führen ein förchtiges Geschrey, sie sind den todten Menschen sehr gefähr, packen auch die noch Lebendige, so sie solche schlaffend finden, an.

Bitsche [1] Vergunje, das beschambte Thier, oder wie ihn die Holländer allhier nennen, der Negombische Teuffel, ist ein noch nicht sehr wolbekandtes Thier, weil es selten bekommen wird; diß Thier hat den Namen also, weil es bey der Vöstung Negombo, sich offt hören lasset, es ist vierfüssig, einer Ehlen hoch, und drey Ehlen lang, hat ein spitziges Maul mit scharffen Zähnen, es ist mit dicken runden gelben Schilppen auff dem gantzen Leib geharnischt, kan sich wann es verfolgt wird, wie eine Kugel zusamen und in ein ander wicklen, es führet deß Nachts ein

---

[1] Port. Bicha: Schlange; Id. Vergonha: Scham. Also die „schüchterne Schlange".

kläglich und erschröckliche Stimm, daß offt die Schildwacht stehende Soldaten ihre Posten verlassen;

Der Leuer [1]) oder zu teutsch, das faulste Thier, ist geformbt, wie ein Aff, mit Händen und mit Füssen, ausser daß ihm seine grosse Augen, gar auß dem Kopff ligen, es ist so mager wie der Tod, sihet sehr förchtig drein, es ist gar langsamb in allen seinen Sachen, es isset und trincket, steiget und gehet als seinen langsamen Gang, ob gleich andere wilde Thier oder Hund, ihme nachläuffen setzet es keinen Fuß desto schneller fort, sondern wann sie allerdings zu ihme kommen, kehret es sich allegemach umb, und macht sie mit seinem förchtigen Gesicht wider abwendig, wann ihme ein Mensch nachlauffet, thut es wider also, aber vergebens, dann sie lassen sich das Gesicht nicht schrecken, sondern binden ihm ein Strick umb den hindern Theil, seines Leibs, wie den Affen, und führen es mit ihnen heim, da es abermal seinen gewohnlichen Gang, und so langsamb gehet, daß es in einem 12. Stund langen Tag, nicht ein Stund weit kommet; sie werden in den Städten, vor ein Rarität auffgehalten, sind aber über See zubringen allzuweich.

Wandura, zu teutsch Affen, sind hier in Uberfluß, sie sehen schwartz, haben umb den hindern Theil ihres Leibs einen weissen Ring, auch einen breiten eißgrauen Barth, sind in der grösse eines zimblichen Metzgerhunds, haben einen langen Schwantz, die alte Singulesen welche graue Bärth haben und ein wenig harig sind, sehen disen Affen von fern nicht ungleich, sie springen hin und wider in den Wäldern, von einem Baum auff den andern, mit grossem Geschrey, ihre Jungen hangen an ihnen, und verlassen sie nicht, obschon der Alt geschossen wird, daß

---

[1]) Hollandismus, Luiaard: Faultier. Bekanntlich giebt es keine echten Faultiere ausserhalb Süd-Amerikas. Gemeint ist wahrscheinlich der eine oder andere Repräsentant der Halbaffenfamilie Nycticabidae.

er von dem Baum fället, alsdann werden die Junge von ihnen genommen und aufgezogen; dise Art von Affen, wollen nichts lernen, wie etwa andere, sondern führen nur ein klägliche Stimm wann sie gefangen sind, dahero disen auch nicht viel nachgefraget wird; wann man einen von disen Affen, mit Schiessen beschädiget, daß ihme das Eingeweid herrauß hanget, so haspelt er so lang mit beyden Händen daran, und ziehet als weiter herrauß, biß er herrunter fällt; Wann sie gefangen sind, paaren sie sich auch nimmer.

Wilde Katzen, gibts zweyerley, eine, sind so groß als die teutsche Hauskatzen, ernehren sich mit allerhand Vögel, die andere sind kleiner als die Aichhörnlein, heissen Surikätzlen, weil sie sich auf den Kochusbohmen, darvon die Suri gesamblet wird aufhalten, sehen weiß und grau durcheinander; haben eine Stimm, wie die Calecutische junge Hünlein.

Elend, etwas grösser als die Hirsch in Teutschland.

Hirsch, etwas kleiner, voll mit weissen Flecken.

Steinböck, etwas dicker als die Hasen.

Hasen, etwas kleiner dann in Teutschland.

Wilde Schwein, und Stachelschwein, wie in Affrica.

Sind in Uberfluß, auß Ursach weil wegen der Wildenthier, ein jeder nicht gern mit dem Jagen umbgehet.

Wilde-Pferdt, auf der Insul Manara, und nicht fern darvon gegen Jaffanapatanam, auf einer andern Insul, lauffet es voll, sind kleiner, als die Pferd in Teutschland, werden bißweilen die schönste gefangen, und zu dem Ziehen und Reuten tüchtig gemacht.

ZAHME

Ochsen und Küh, mit einem grossen hohen Rucken, sind viel hier, wird einer haufft umb 2. à 3. Gulden.

Büffel, ingleichem, die die Bauren, zu Erbauung deß Reiß gebrauchen, gilt einer 3. à 4. Gulden.

Schaaff, sind dreyerley allhier, eine Art kompt auß Persien, haben Wollen, wie die in Teutschland, und Schwäntz deren einer 20. 25. biß 30. Pfund wigt, andere kommen auß Africa haben einer spannen lange Hörner, aber keine Woll, sondern Haar wie die Kälber, die dritte Art haben Wollen aber lange Ohren.

Geiß und Böck, manglen hier nicht.

Schwein, wie in Teutschland, gilt das fettest und größeste auf der Insul Manara, nur ein Reichsthl.

VON WILDEM GEFLÜGEL

Pfauen, Schneeweiß und gefärbte, sitzen deß Nachts auf den höchsten Bäumen.

Wilde Hanen und Hüner, in der größe, wie in Teutschland die gemeine Bauren oder Hoffhüner.

Wasser-Hüner, Schnepffen, Zimmet- und andere Tauben, zweyerley grosse Reiger, blawe und halb schwartze, Kropffgänß, und Enten, in grosser Anzahl, von den kleinen Vögeln will ich nicht schreiben, außer noch den klapperigen Papagayen zugefallen, ein wenig von ihrer Art; deren sind hier Dreyerley.

Die größeste sehen grün, blaw und Roth durcheinander, haben einen schwartzen Ring umb den Hals, diß sind die beste;

Die Mittlere sehen grün, und haben einen rothen Ring umb den Hals sind nicht wie die grössere, so hoch geacht.

Die Kleinste sehen grün, und sind die verachteste, weil sie nicht viel lernen wollen;

Die Junge sind zu lernen Reden am tüchtigsten, sie werden erstlich mit einem Schnürlen oder Kettelen angebunden, mit Reiß oder Feigen gespeiset, Morgends und Abends, wann es noch finster ist, von jemand ein halbe Stundlang unterricht, worvon sie entlich etwas nachklappern und behalten können.

Andere Raubvögel, als Falcken, Sperber, Thurweyh mit weissen Köpffen, Raben, mit weissen Ringen umb den Hals, auch Spatzen find man viel hier.

Fledermäuß, kleine wie in Teutschland, auch grosse wie auf der Insul Java, hievor beschrieben, flieget es deß Nachts voll.

Noch ein Vogel lasset sich deß Nachts hören, mit einem Geschrey Navi, Navi, die auf dem Land wohnende Portugesen haben den Glauben, wann er sich hören last, daß bald Schiff ankommen werden;

ZAHM-GEFLÜGEL

Gänß, sind allhier wenig, weil sie von Capo de bonne Speranc gebracht werden müssen, haben lange Häls, und oben auf dem Schnabel ein Buckel, gilt eine ein Reichsthl.

Hüner und Hanen, lauft das gantze Land voll, man kauft das Stück umb 2. oder 2. kr. 40. 50. auch 60. Eyer umb einen Groschen.

Enten, welche 2. à 300. Eyer, ohne ein Tag aufzuhören, legen, gilt ein 5. à 6. kr.

Tauben, die auß Holland gebracht worden, haben viel Leuth, gilt das Paar 20 kr.

VON DEN VIERFÜSSIGEN THIEREN IM SÜSSEN WASSER

Das schädliche Crocodil, lasset sich fast in allen dergleichen Wassern sehen, dahero sich die Leuth, welche an den Wassern wohnen, Item die, welche fischen, sich waschen oder andere Arbeit in dem Wasser verrichten wollen, wohl in acht zu nehmen haben, damit sie diesem Unthier nicht zu Theil werden.

Von seiner Eigenschafft kan ich wohl folgenden
bericht geben

Es ist eigentlich nicht so grausam wie etliche meinen, sondern suchet als ein Raub- und grosses Thier nach Genüge sein Speiß, haltet sich deß Tages über in dem Wasser, verschlinget, wann es Hunger hat, Menschen, Fisch, Vieh, Hund und alles was es erhaschen kan, lässet sich oft sehen, schwimmet oben auf dem Wasser am hellen Tage, wie ein grosser Eichbaum, sperret seinen Rachen auf, und lässet sich das Fleisch, welches ihme von dem Raub zwischen den Zähnen stecken bleibet, von einem grün- und rothen Vogel, mit einem Finger-langen Schnabel, in der größe eines Eißvogels, heraus picken und die Zähne säubern, deß Nachts gehet et auß dem Wasser an das Land, und suchet seine Speiß; sie legen ihre Eyer, welche noch einmal so groß als ein Ganß-Ey, in das Sand, welche die Sonn außbrütet, wann sie außschlupffen, sind sie einer halben Ehlen lang, wachsen fort so lang sie leben, werden älter als 300. Jahr, und über 20. 25. und 30. Schue lang, sind gewapnet mit Schilppen oben auf dem Leib, ihr Rachen ist mit spitzigen Zähnen wol versehen, in dem Schwantz haben sie die gröste Macht, was sie in dem Wasser damit treffen, muß bleiben, auf dem Land können sie zwar schneller als ein Mensch lauffen, wann man aber Bedacht, und einen krummen Bezirck nehmet, können sie einen nicht erhaschen, weil sie gar lang und dick, dadurch nicht schnell sich wenden können, dem Crocodil siehet am gleichsten ein Thier, so sich auch allhier findet, genandt Caprigoy [1]), außer daß dises ein sehr lang und spitzige Zung, und keine Schilppen hat, das Längste so ich gesehen war 10. Schue

---

[1]) Ein grosser Leguan, bei Knox „Kobberaguion" genannt (Portug. Cobra = Schlange).

lang; ein dergleiches Thier ist noch allhier wol bekandt, genandt Leguwan, diser

Leguwan, ist kleiner als der Caprigoy, wird von vielen Leuthen gegessen.

Schlangen, sind, die ich gesehen, ein Art allhier die man Würger heisset, 10. à 15. Schu-lang, bespringen und umbwicklen die Menschen in der Mitten, biß ihnen der Athem außbleibet, dahero nicht bald jemand ohne Messer gehet, umb in Zeit der Noth, solche Schlangen entzwey zuschneiden, und das Leben dardurch zu salviren, andere heissen

Capellen Schlangen [1]) weil sie sich in den Häusern und Capellen aufhalten, sind sehr gifftig und böß, haben oben auf dem Kopff, wann sie unwillig und sich aufthun, eine weisse blaß, formirt wie eine Brill; ihre Länge ist 4. 5. biß 6. Schue, wen sie beissen, der muß sterben, wann nicht gleich Mittel gebraucht werden; noch ein andere Art, sind nicht so böß, heisset man

Ratten und Mäußfanger, halten sich in den Häusern auf, und sind besser zum Mausen als die Katzen, 9. biß 12. Schuelang, verletzen den Menschen nicht, wann man sie nicht beleidiget.

Grüne Schlangen, eines Fingers dick und 2. Ehlenlang, halten sich auf den Bäumen; so sie Menschen oder Vieh begehen können, springen sie herunder, und schiessen ihnen die Augen auß den Köpffen mit ihren stechenden Zungen. Die allergifftigste sind

Die Zweyköpffigte [2]), einer halben Ehlenlang, haben hinden und fornen ein Kopff.

Sie haben allhier zweyerley Mittel vor die gifftige Schlangenbiß, das eine geschiehet, welches die Innwohner brauchen, durch ihre Teuffelsbanner, und andere, mit Segensprechen; das

---

[1]) Portug. Cobra de capello: Schlange mit Haube.
[2]) Portug. Cobra de duas Cabeças.

andere aber, welches ich oft gebraucht, mit einem Schlangenstein, welcher, wann er auf den biß geleget wird, hangen bleibet, biß er alles Gifft herrauß, und in sich gezogen, hernachmal legt man den Stein in süsse Milch, welche das Gifft herrauß ziehet, also daß sie endlich gantz blaw sihet, und der Stein deß Giffts widerumb entlediget wird.

Scorpionen, hab ich viel gesehen, in der grösse eines zimblichen Krebs; ob sie schon die Menschen stechen, und zweytägigen Schmertzen dardurch verursachen, sind solche Wunden jedoch nicht tödlich.

Cento-Pe [1]), wird von den Portugesen also genent, ein, einer halben Ehlen langes Thierlin, hat hundert Füß, siehet von vielem Gifft, blaw und gelb, wen es mit seinen Hörnlein flimmet, der hat grosse Gefahr und Schmertzen, so ihme nicht bald mit Klapper-Oel geholffen wird.

Unmeisen, gibt es allhier Dreyerley, Rothe, Schwartze und Weisse, die

Rothe, sind die größeste, säubern die Häuser von anderem Ungezieffer, als Mäuß, Ratten und Schlangen,

Schwartze, halten sich im Feld, wen sie nur berühren an der blossen Haut, der leidet grossen Brand und Schmertzen, eine halbe Stund lang, die

Weisse, halten sich in der Erden, durchbohren und durchfressen alles, wo sie hinkommen, Truchen und Kästen, lassen nicht nach, biß alle Kleider oder Leinwath, was darinnen, durchlöchert ist.

Flöh, gibts hier sehr viel, darumb die Böden in den Häusern alle Woch, mit S. V. Kühkoth, bestrichen werden, darmit die Menschen Ruh vor ihnen haben können.

Mucken, und kleine Schnacken, dergleichen flieget es voll, so

---
[1]) Portug. Gentopea.

gar, daß auch an theils Orthen die Menschen darvor nicht bey Tag essen können, sondern die Nacht gebrauchen müssen.

Blutsauger, das allerböseste Ungeziffer auf diser Insul Selund, doch meistens auf der Seiten gegen Norden, in den Ländern zwischen Candi und Columbo; deren sind Zweyerley, Grosse und Kleine, die grosse heisset man Büffelsauger, die andere Menschenplager, die grosse Büffelsauger, halten sich in den Wassern, ich kan sie nicht besser, als einem Egel vergleichen, weil sie dem gantz ähnlich sind, wann Vieh oder Menschen in das Wasser kommen, hencken sie sich daran und saugen sich so voll, daß sie 3. mahl dicker als zuvorn, darnach fallen sie herunder und bleiben ligen, wann man sie, so bald sie ansetzen, welches einem weh thut, will herunter reissen, bleibet der Kopff stecken, und gibt hernacher unheilbahre Löcher, so man aber mit etwas saures, als einer entzwey geschnittenen unzeitigen Citronen, Saltz, Essig, Salpeter oder dergleichen versehen; und die Sauger damit streichet, lassen sie gleich nach, Blut zu saugen, und fallen hernider; die kleine

Blutsauger, sind in der Dicke eines subtilen Strohhalmbs, 2. à 3. Zoll lang, sehen braunlecht, haben weder Augen noch Füß, wann es nicht regnet, werden auch wenig gesehen, so bald es aber regnet, so findet sich dises Ungezieffer in den Wäldern und Strassen in Uberfluß, sie kriechen nicht wie die Würm, sondern halten den einen Theil auf dem Boden, mit dem anderen Theil lassen sie sich auf, solcher Gestalten, ᐸ ᑫ ᑭ als wann einer mit einer Stang, ein stuck Land übermessen will; und wissen die in der Strassen oder im Wald paßirende Menschen, solcher Gestalt zu finden, daß ihnen wenig Blut zwischen der Haut und dem Fleisch bleibet;

Woher dises Ungezieffer eigentlich komm, hab ich nicht erfahren können, bey etlich meinen bekandten Singulesen, forschte ich nach, die mir in geheim entdeckten, es hätte ihr voriger König in Candi, ein sehr kluge und geschickte Schwester mit Nahmen Lamammea gehabt, die habe, weil die Portugesen, den König mit Gewalt wollen vertilgen und caput machen, solche Blutsauger gemacht, damit sie besagten Portugesen Soldaten, mit Blutaußsaugen Abbruch thun, ob deme also, lasse ich dahin gestellet seyn.

VON DEN MEERFISCHEN DIE HIER GEFANGEN WERDEN

Der Schwerdfisch, ist 7. 8. 10. biß 12. Schue lang, bewaffnet mit einem Schwerd, fornen auf seiner Nasen außsteckende, welches Schwerd 50. biß 52. scharpffe, eines Fingers lange Zähn hat, deß Schwerds Länge, ist das gröste so ich gesehen, ein Claffter, deß Fisches Fleisch ist wol zu essen, jedoch je jünger der Fisch, je besser das Fleisch, dise Schwerdfisch sind nicht die, welche wider den Wallfisch streitten, dann sie nicht in das Wasser gegen Mitternacht da es kalt ist kommen, die Schwerdfisch welche deß Wallfisches Feind, führen ein Schwerd auf dem Rucken und halten sich gegen Mitternacht bey Grün- und Eißland, in grosser Anzahl.

Hey, ein rechter Meerwolff und Menschenfresser, wird hier oft gefangen; und von den gemeinen Leuthen geessen.

Segelfisch, also genandt, weil er eine breite und grosse Floßfeder auff dem Rücken, dieselbe offt aus dem Wasser strecket, und von dem Wind sich fort treiben lässet, er hat einen spitzigen Schnabel eines Clafter langs, sein Leib ist, 4. à 2. Clafter lang und halb so dick, wie wohl es ein grobes Fleisch, würd dannoch von vielen gespeiset.

Jan Egbertsen [1]) ein halb Claffter langer, sehr dick und blutreicher Fisch, deren werden offt 7.8. à 900. in einem Zug gefangen, wigt einer 15. biß 20. Pf. umb diese Zeit ists gut Fisch essen, es geschiehet gemeiniglich im Monat Februario, daß solche reichliche Züg gethan werden, verursacht daß in der Stadt Colombo, Fleisch und all andere Speisen wohlfeil werden.

S. Peter- oder Fünff-finger Fisch, andere nennen ihn Leder-Fisch, weil er eine so dicke Haut, die ist mit Fünff weissen Flecken, auff dem Rucken der Ordnung nach gezeichnet, er ist 4. Ehlen lang und sehr gut zu essen, deren werden auch 2. à 300. in einem Zug gefangen. Von vielen Alten Portugesen, habe ich gehört, dergleichen Fisch habe S. Petrus, in seinem Netz gefangen, seyen darumb zum Zeichen, mit solchen 5. weissen Fingermahlen gezeichnet; dise Fisch werden nur im Mertzen gefangen.

Hecht, die werden im Aprilen und Mayen mit Angeln gefangen, seynd 1. 2. biß 3. Ehlen lang, und 2. Spannen dick, deß teutschen Landes Hechten gantz ähnlich.

Königs-Fisch, die allerbeste, seynd den Karpffen zuvergleichen.

Cablin, seind Fisch wie die Hering, ein wenig breiter, werden unzahlbar in einem Zug gefangen, da kaufft man 20. biß 30. umb einen Kreutzer.

Sertin [2]), ein kleines mageres Fischlein, werden viel 1000. in einem Zug gefangen, weil sie hauffenweis bey einander sich

---

[1]) Zu lesen: „Jakob Evertß", alt-niederl. Name für verschiedene Epinepheliden (Fam. der Serraniidae). Einige dieser Fische erreichen eine Länge von 2 M. und mehr. Der malaiïsche Name ist Ikan kĕrapu.

Die grösseren Exemplare dieses Fisches leben in tiefem Wasser; wenn sie an die Oberfläche kommen, stehen die Augen ganz heraus, alsob die Fische die Basedow'sche Krankheit hätten. Man behauptete daß sie dann an einen holländischen Schiffer Jakob Evertß erinnerten, der solche Glotzaugen gehabt habe. Der Name kommt schon bei Bontius vor (1658).

[2]) Sardellen (Portug. Sardinhas).

halten, sie werden eingesaltzen und wie Hering gegessen.

Meer-Schwein, werden offt gefangen, ihre länge ist 4. biß 2. Clafter, und halb so dick, haben einen Rüssel wie ein Schwein, sehr warmes Blut und fettes Fleisch, sind schneller mit Schwimmen als andere Fisch.

Meer-Teuffel oder Sandkriecher, ein 3. Clafter langes Thier, hat einen sehr grausam und förchtigen Kopff, ist sehr breit und dünn, sihet oben schwartz und unten weiß, wird mit Angeln, aber mit nicht geringer Müh gefangen, in einer Tieffe von 15. biß 20. Clafter.

Rochen, die sind rund und dünn, haben ihre Augen in dem Leib, und haben einen 2. Ehl langen dünnen Schwantz, ich kan sie nicht besser als einer Kuchenschüssel vergleichen, aber fünffmal grösser, sind gut zuessen; ein dergleiches Thier wird hier gefangen, Nahmens

Pfeilschwantz, was er mit seinem Schwantz sticht, muß sterben, darumb ihme, so bald er gefangen ist, sein Schwantz mit Vorsichtigkeit abgeschnitten, und sein übriges Fleisch wie deß Rochen geessen wird.

Schiltkrotten, werden allhier gefangen von 2. Centner schwer, sie legen ihre Eyer die keine Schal, sondern nur ein zehes Häutlen haben, bey 200. zu mal, in das Sand, und lassens die Sonn außbrüten, die Indianern lauren auf sie, wann sie an das Land kommen, und werffens umb, da sie mit den Füssen übersich ligend, nicht mehr von sich selbst aufstehen können, von 3. à 4. Persohnen alsdann an einer Stang auf dem Fischmarckt getragen, und außgehawen werden; die Schalen sind nicht zugebrauchen, von den kleinern Schiltkrotten Schalen aber, werden Trüchlen, Kämm und dergleichen sachen gemacht.

Krabben, oder Seekrebs werden allhier gefangen, einer Ehlen lang mit grossen Scheren, ein andere Arth, sind gantz rund mit harten Schalen, nemmen mit dem Mond ab und zu.

Meerläuß, sind so groß als wie eine Baumnuß, geformbt wie eine Laus, mit einer weissen Schalen bedecket, halten sich in dem nassen Sand am Ufer, werden von den Malabarischen Fischern gegessen.

Muscheln, finden sich an allen Seeklippen, wann das Wasser abläuft, können sie füglich bekommen werden.

DER MALABAREN ART MIT NETZEN IM MEER ZU FISCHEN IST FOLGENDE

Mit disem Netz welches sie auf ihren Schiffen in das Meer bringen und nach und nach außwerffen, können sie ein halbe Stund Wassers einschliessen darinn alle Fisch, klein und groß fangen, ob gleich deß Netzes Löcher so groß, daß eine Kuh dardurch schlupffen könt, förchten doch die Fisch das Netz, halten sich als in der Mitten, biß ihnen entlich das Wasser entgehet, und sie in den Sack hinden daran gejaget werden, die in den Schifflen seyende Fischer ziehen alsdann den Sack zu wie einen Seckel, und bringen denselben an Land,

1. Ist das Ufer.
2. Ist das Seyl daran viel Indianer ziehen und singen in ihrer Sprach Eli Ela Elelo Haya mit lauter Stimm.
3. Seynd es Höltzer die schwimmen.
4. Ist Bley, welches das Netz untersich ziehet.
5. Der Fischsack.
6. Fischer die den Sack zuziehen.

VON DEN FISCHEN IN SÜSSEN REFIEREN

Sanct Pilang[1]), ist ein Fisch mit einem breiten Kopff, glatt wie ein Ahl, $1\frac{1}{4}$ Ehlen lang und 2. Spannen dick.

---
[1]) Malaiïsmus: Sĕmbilang.

Kahlkopff [1]) ein noch besser Fisch, hat oben auff dem Kopff keine, sonsten aber allenthalben Schuppen wie die Karpffen, wägen 7. biß acht Pfund.

Mallfisch, zu teutsch Narrenfisch, gibt es sehr viel, sind in der form eines Weißfisches, sie sind gut zu essen, die Köpff aber müssen weggeworffen werden, wer von den Köpffen etwas isset, wird gantz verwirrt und närrisch.

Pager, ist ein schwartzer Fisch, hat einen harten dicken Kopff, sein Leib ist rund, und hat sehr scharffe Floßfedern.

Kleine Fischlein, wie in Teutschland die Grundel und Gruppen, werden auch in Uberfluß gefangen.

Krebs, gibt es sehr viel, groß und klein.

Garnelen, ist ein Thierlen wie ein Krebs, hat aber keine Scheeren, noch kein harte, sondern nur ein weisse weiche Schal über sich gezogen, es wird viel gebraucht zum fischen, dann ob es schon an einen Angel geheftet und verwundet wird, kan es noch wol 1. Stund leben.

VON HIESIGEN LANDES WITTERUNG UND WINDEN

Das gantze Jahr wird abgetheilet in zweyerley Zeiten, heissen die Gute und Böse Masson, hat jede 5. Monath, die andere zwey Monath heissen die Zweiffel-Monden als Martius und Septemb. in welchen die Solstitia den 12/22 geschehen, da in der gantzen Welt meinem Muthmassen nach, Tag und Nacht gleich seyn müssen, in besagtem Zweiffel-Monath Martio fanget es an auf der Seiten wo Colombo ligt zu regnen, und continuiret meiste Zeit biß auf den Septemb. daß darvon alle Wasser im Land überlauffen, darvon oft Menschen, Vieh und Gewild unversehens belagert, und versäuft werden, wer umb dise Zeit

---

[1]) Hollandismus, Kaalkop, eine Verstümmelung vom Mal. „Kakap".

jagen will, findet alles Gewild auf den höchsten Bergen. In dem Monath Sept. fahet es an wider halb und halb wie in dem Aprilen in Teutschland, zu werden, und lässet sich der Sonnenschein solcher Gestalten mercken, daß inner 4. à 5. Monath die starcke Schiffreiche Refieren, allerding gar außtrucknen, und sich verlauffen, daß die Wilde-Thier oft weit, biß sie sich erlaben können, dem Wasser nachgehen müssen; Inner disen guten Masson, höret und siehet man gemeiniglich viel Donner und Blitz, darvon oft grosse Bäum zerschmettert werden, die Sonn weicht nicht sehr weit von hier, dahero deß Tages ab- und zunemmen nicht viel verspühret werden kan; Es ist niemahl sehr kalt allhier, außer wann der scharpffe Nordwind in dem Febr. anfähet, und 4. Monath lang, beständig fortwehet, kan man ein Deckin von Baumwoll, wol leiden. In diser Zeit werden nicht alle Tag Fisch gefangen, weil das Meer zimblich Ungestümm. Wann es auf dieser Seiten Colombo die gute Masson ist, auf der andern Seiten gegen Caramentell zu Jaffanapatanam, Manara, Batacalo und selthin, ist alsdann die böse Masson, also gantz Contrar und Wunderbahr, weil es ein Land und nicht gar weit voneinander.

Auf vorgemeldter Vöstung Calture, die deß Zimmets rechter Sammelplatz ist, habe ich mit Schantzen und Schiltwacht stehen, jenes bey Tag, und dises deß Nachts, zwar nur 2. Stund, von dem 22. Aprilen biß den letzten Septemb. zugebracht, unser Ober-Officier war ein Leuten. Dissave, Nahmens Adam Schlecht auß Böhmen, mit welchem wir 30. Mann starck Europianen, und 200. Lascarins oder Singulesen Soldaten, auß Befelch deß Gouverneurs, in ein verlassene Feldschantz, Caudingelle genandt, 6. Stund von Calture

Den 1. Octobr. marchiren müßten, unterwegs kam ein starc- Oct. 1677
ker Regen, dardurch wir meiste Zeit, fast biß unter die Arm
uns ermüden, und von den Blutsäugern plagen lassen müssen.
Wir funden besagte Schantz zimblich wüst, mit wilden Bäumen und Holtz verwachsen, 2. Stund rund umbher keine Innwohner, welche, weilen die von Candi etlich 1000. starck umb
diese gegend alles spolirten und verbrenneten, auf die hohe
Berg geflohen waren. Besagte Schantz haben die Holländer vor
etlich Jahren gemacht, aber weil sie nicht gnugsam versehen
und befestiget war, widerumb verlassen müssen, hat in dem
Umbkreiß 2. morgen Felds, 4. Pünten, eine Brustwöhr von
Waßen, und Picquen-lange halben Mannsdicke Pallisaden. Wir
lagen innwendig, und unsere Singulesen außenher auf den
Brandwachten, sie müsten unterdessen ein Mußquetenschuß
rund umb uns her, alles Holtz abhauen und verbrennen, deß
Tages über hatten wir keine Gefahr, bey Nacht aber desto
mehr, wegen der streiffenden Candischen Soldaten und der Elephanten, die wir zwar, weil das Holtz hier überflüssig, mit grossen Wachtfeyren verjagen können; unser Magazin wurde von
Anguratotten, 2. Stund von hier ligend, mit Saltz, Reyß, Speck,
Fleisch, Brandtenwein, Pulver und Bley versehen, welches ich
unterhanden hat und außtheilen must; das Wasser müßten wir
ein Pistohlschuß weit, da ein kleines Bächlein fliesset, holen.
Nach deme wir 8. Tag in diser Wildnuß gelegen, kommen die
von Candi, deren Anzahl uns nicht eigentlich bewußt, gar
starck, unter Commando deß berühmten Buschlauffers Dissave
Tennekohls[1]; Ein Aratsi von den unserigen, hatte Wind von
ihrer so starcken Ankunfft, berichtete solches unsern Leutn.
Dissave, darauf wir, weil es grosse Zeit war, alles in Brand

---
[1] Tennekol, Heerführer des Kaisers von Kandi. Er lief (1678) zu den Holländern über. Vgl. Schweitzer sub 17. und 20. Juli 1678.

stecken, und in einen anderen Ort, nacher Anguratotten uns retirirten; auf eingeholten Befelch von Colombo, müßten wir widerumb in unser altes Quartir nacher Calture.

Den 12. Octob. wurde ich nacher besagtem Anguratotten geschickt, alldar das Magazin zu verwalten, und die Militaire monatlich zubezahlen. Ich wurde von dem alldar ligenden Holländischen Ober-Officier, so ein Fahntrager Nahmens Heinrich von Biisterfeld, einem von der Feder, der hiebevor von Colombo, nacher dem König von Candi, mit Brieffen geschicket war, beneventirt, mit dem freundlichen Anerbieten, daß ich bey ihme logiren und speisen solte, damit wir die Zeit einander vertreiben möchten.

Der Ort eigentlich gefiel mir nicht Übel, weil er zimblich starck und mit Stücken versehen, hart vorbey lauft ein starcke Refier von Saffrigam her, welche Fisch und Schiltkroten führet, rund umbher wohnen vil 1000. Innwohner, bey denen man allerhand gute Früchten, Hüner, Butter, Milch, Honig und dergleichen, gar wohlfeil haben, und wer der Singulesen Sprach kündig, die Zeit wol passiren kan.

Die Europianen, so etwa 40. biß 50. Köpff starck, leben allhier solcher Gestalt: Morgens und Abends wird ein offentlich Gebett verrichtet, deß Sontags aber eine Predig gelesen, vor und darnach auß dem Lobwasser gesungen. Sie wachen mit halben quartiren deß Tages über, deß Nachts aber, müssen sie bey Lebensstraff, alle in der Vöstung seyn, ausserhalb der Vöstung hat ein jeder sein Häußlein, hält darinn ein Singulesisch Frauen-Mensch, die Ihme kochen, und Speiß hohlen muß, wann eine solche Köchin ein weisses Kind überkompt, dessen seynd ihre Eltern und Freund sehr froh, sie selbsten wird dardurch gar prächtig und einbildisch; wann einer von seiner Köchin hinweg ziehen will, muß er ihro solches nicht sagen, sonsten wird ihme entweder von ihr oder einer andern vergeben, daß er außsochen, oder, ob er gleich 3. biß 4000. Meil von ihro, endlichen doch wieder kommen muß.

Auf den letzten Decemb. kamen Brieff von Colombo, daß der Fenderich Biisterfeld, weilen er nacher Patria gehen woll, sich nacher Colombo verfügen soll. Er stellete mir frey, ob ich bleiben, oder mit ihm reißen wollte, welches letztere ich acceptirt; wir liessen drey doppelte Fahrzeug fertig machen, darein wir unsere Pagage legten, und giengen

Den 2. Januarii morgens früh von dar, befahlen uns Gott, und gebotten den Singulesen, deren auf jedem Schifflein vier waren, daß sie gute Sorg haben sollten, weil wir zwey, wegen vieler Klippen, gefährliche Ort paßieren mußten, die Holländer heissen diese Ort, den einen die grosse, den anderen die kleine Höll, weil sie viel Menschen und Fahrzeug verschlingen; wir schickten unsern ältesten Singulesen Schiffer, Dottia genandt, vorauß mit einem Fahrzeug, voll geladen mit Reiß und Hüner, den zog die erste Höll, weil sie nicht starck genug ruderten, hinunder, uns nachkommenden war nicht wol bey der Sach, ich sprach meinen Leuthen dapffer zu auff meinem Schifflen, also thäte auch der Fenderich, und kamen glücklich durch, arrvirten zu Calture, hatte inner zwo Stunden 3. teutsche Meil geschiffet, die im ersten Schiff geweßte 4. Singulesen, seynd nimmer gesehen worden. Der Leuten. Adam Schlecht, tractirte uns über einem Mittagmal, gab uns andere Singulesen auf unsere Schiff, die wir vorauß schickten; weil es guter Weeg von hier nacher Colombo war, gab er uns 2. Palakin (Sänfften) darinnen wir jeder von vier Kulin (Sclaven) sehr schnell dahin getragen wurden, auf dise Form von Ebenholtz gar artlich gemacht, dar- Jan. 1678 inn man sitzen oder ligen kan.

A. Ist eine hohle leichte Stang von Bambus.

B. An dem Ort tragen die Sclaven.

C. Das innwendige da man ligt, ist mit Küssen und Decken versehen.

D. Ist ein Tuch welches man auf und zuthun kan.

Den 5. Jan. imbarquirte der Fenderich sein plunderage auf ein Schiff, genandt das Hauß te Velsen, recommandirte mich an einen Capitain in der Stadt Colombo, Nahmens Jacob Witzenburg auß Churland gebürtig, und er gieng

Den 6. zu Schiff, segelte nach der Stadt Pünt de Gala, aldar sie ihre Ladung von Zimmet und Pfeffer vollend einnahmen, und von dar auß in See lieffen.

Besagter Capitain ein 50. jähriger Mann war sonsten ein berühmter Soldat, lag in der Stadt Colombo vor Commandeur, war zugleich ein Raths-Persohn, deren es Acht allhier hat, dahero sie in ihrem Titulo Achtbare Herren genennet werden. Sie richten alle streitbare Sachen, und urtheilen die Ubelthäter zum Tödt; der Fiscal klaget die Ubelthäter, im Nahmen der Herrn Staaden an, der Oberkauffmann, Nahmens von Vorsten, hiebevor ein Bothsmanns Jung gewesen, ist Præses, und die übrige (können theils weder schreiben noch lesen, wie eben diser vorgemeldte Capitain, unangesehen dessen, war er doch der Dritte im Rath) fällen das Urthel; wer sich lædirt befindet und appelliren will, muß 500. Meil von hier, zu Battavia solches suchen, welches offt geschiehet: Ich ware bey diesem Capitain 5. Monath, mußte ihm alle Acten und Proceß in seinem Haus vorlesen (dann die Acta allwegen zuvor allen Räthen zu überlesen geschickt werden) und meine Meynung darüber sagen, auch alle Brieff so an ihne kamen, beantworten, ware hergegen Dienst und Wachtfrey.

Jul. 1678 Den 1. Julii wurde ich, wegen Ermangelung eines Musterschreibers und Magazin-Verwalters, in eine 4. Stund von Colombo gelegene Feldwacht Maluane, geschickt, allda ich wider 4. Monat zugebracht; diser Ort ligt an einer starcken Refier, bevestiget mit Pallisaden, einer Brustwöhr, und einem Graben, ist versehen, mit acht Feldstücklein und anderer Nothdurfft, besetzt mit 60. Mann. Unser Ober-Officier war ein Leuten. Heinrich Rentz von Oldenburg. Diser Ort ist ungesund wegen böser Nebel, darumb alle vier Monath die Guarnison von Colombo auß verwechselt wird.

Den 6. kam gewisse Kundschafft, daß der König von Candi dise Feldwacht wollte belagern lassen, weßwegen wir uns mit noch mehr Victualien versahen.

Den 16. stunde ein Königischer Feldherr (Dissave) mit 30000. Singulesen unweit diser Feldwacht Maluane, der Feldherr Tennekohl aber ließ uns

Den 17. sagen, daß weilen sein König ihne affrontirt, wollte er zu den Holländern gehen, und nicht dise Vöstung belagern, jedoch sollte man diß in Geheim halten, damit es seine Soldaten nicht innen werden; welches unser Leuten. nach Colombo berichtete, widerumb Brieff erlangte, daß man disen Tennekohl nicht in dise Vöstung lassen: sondern nach Colombo weisen sollte, wohin er sich

Den 20. mit 300. seiner besten Soldaten und einem 2. Centner schwehren Trüchlen begeben, allda von dem Gouverneur wol empfangen und mit einer gulden Ketten 300. Reichsthl. werth beschencket worden; als dise Zeitung vor den König gekommen, hat er deß Tennekohls gantzes Geschlecht umbringen lassen, und befohlen dise Belagerung aufzuheben;

Den 31. Octob. wurden wir abgewechselt, und giengen ge- Oct. 1678 sambter Hand nach Colombo, wir müßten auf kleinen je zwey und zwey zusamen gebundenen Fahrzeugen, 7. à 8. Persohnen zumahl, über die Refier fahren, ich hielte mich, mit Ubergebung deß Magazins, etwas auf, daß ich dardurch einer von den Letzten im überfahren ware; indem der Dottia (Fährmann) von dem Land abstach, brachen die zwey Fahrzeug voneinander und lieffen voll Wasser, ich das am ersten ersehend, spring mit meinem Gewehr wider herauß in das Wasser, ergriff beyzeiten den Stotzen da der Fährmann sein Schifflein anbindet, mir folgete ein anderer, der nicht schwimmen kondt, Nahmens Jacobus Hermansen von Emmerich, ein Schlosser, ein starcker Kerl, erwischte mich bey dem Fuß, und salvirte sein Leben, wo ich aber den Stotzen nicht erlangt, wären wir beyde deß Todts geweßt, die übrige so darauf waren, welche schwimmen kondten, schwumen nach Land, andere aber blieben an dem umbgekehrten Schifflein hangen, und kamen an einem Eck and Land; hierbey geschah kein Schad, als daß etliche Mußqueten zuruck geblieben, zuverwundern war es, daß die Crocodil, welche sich sonst oft allhier (weil es 2. biß 3. Picquen tieff) aufhalten, keine Menschen gefischt.

Nov. 1678 Den 1. biß den 6. Novemb. lagen wir in der alten Stadt Colombo, an der Port Victoria.

Den 7. und 8. müßten alle die wol lauffen kondten, dem allhier außer der Stadt bey dem alten Hospithal gewohnten Königl. Princen von Candi [1]), (welchen die Holländer schon etlich Jahr mit grossem Unkosten unterhalten, in den Gedancken, wann der alte König sterbe, sie disen in seine Stell bringen wolten) weilen er, unerachtet 1. Serg. mit 12. Soldaten die bey ihme Wacht hatten, nächtlicher weil, sampt seinem Hoff-Staad, durchgangen, hin und wider nachfolgen und suchen, kondten ihn aber nimmer erhaschen; besagter Prinz ist vor 6. Jahren allhero nach Colombo kommen, sich legitimiret, daß er von deß

---

[1]) Ein von den Holländern seit etwa 1670 begünstigter Gegen-Kaiser von Kandi.

alten Königs von Candi geblüt seye, deßwegen ihme, und nicht dem jetzigen König, die Cron gehör, wie dann auch alle Innwohner ihme vil geneigter als dem jetzt regierenden König, welches sie mercklich spühren lassen, in deme die gantze Zeit so er bey Colombo gewesen, continuirlich sehr vil Leuth 20. biß 30. Meil weit ihme zu lieb gezogen, und mit allerhand Früchten, ihrem Gebrauch nach, verehret haben; die Holländer gaben ihm monatlich zu Unterhaltung seiner Leuth welches ein Hoffmeister, ein Teuffelsbanner, ein Capitain. 20. Soldaten, 7. Trommelschlager, 4. Balliator oder Luftspringer, und 8. Culin die ihn trugen, zusamen vor 41. Persohnen 80. Reichsthl. und 41. Simmeri Reiß, welches alles ihnen reichlich wider in Sack gekommen, wann er geblieben, und zum Königreich gelanget wäre, dann sie hätten ihme den Zaum nicht zu lang gelassen, sondern er hätte nach ihrer Pfeiff tantzen müssen.

Den 9. wurden in der Stadt und dem Casteel zwey Comp. freywillige Soldaten, jede à 80. Mann starck formirt, lautete daß sie solten nach der Küste Carmantell [1]) gehen, worüber mich der Capit. zu einem Cassir bey dem Gouverneur recommandirte.

Den 10. wurden wir gemustert, und empfiengen

Den 11. diß zwey Monathsold, unser Feldherr war ein Capit. Leuten. Tobias Guntz von Dantzig, unsere Leutenant, die die Comp. führeten, Konig und Vernie, giengen

Den 12. in zwey Schiff, so ein Fleut und ein Hucker [2]) war, kamen deß andern Tags zu Calpintin glücklich an, wurden in die, außerhalb der Vöstung stehende Kirch, in welcher Holländisch, Portuges- und Malabarisch geprediget wird, einlogirt; diser Ort ist hiehero gebauet und wol versehen, weil es ein Pasz, sonsten die Mohren und andere, auf diser hier vorbey passiren-

---
[1]) Die Coromandèlküste.
[2]) Ndl. Hoeker: ein kleines sehr seetüchtiges Fahrzeug.

den gesaltzenen grossen Refier, vil handel mit den Innwohner trieben, Item weil vil Arec, das ist ein Gewächs wie ein Muscatnuß, welches die Orientalische Leuth ins gemein, neben dem Kalck und Laub essen und haben müssen, allhier eingehandelt wird; die hier in 100. starck ligende Militaire, halten vil Jachthund, mit welchen sie wilde Püffel, Schwein, Hirsch und Elend fangen, dann sie außer dem Gewild, Fisch und Reiß, sonsten wenig Lebensmittel allhier haben. Lagen

Den 14. biß den 18. still; wird uns angezeigt, daß ein jeder sich auf drey Tag mit Proviant versehen, und auf den den 19. zum March fertig halten sollt, ich kochte 6. Pfund Rindfleisch in gesaltzenem Wasser, hatte noch ein halb Pfund zweybachen Brod, brachen deß Morgens sehr früh auf, unsere zwey Wegweiser, so Malabaren waren, giengen vor an, kamen biß Mittag zu einer Ziegelhütten, funden aber kein Wasser, nach dem wir ein halbe Stund alldar gerast, marchirten wir an einer gesaltzenen Refier auf der lincken Hand fort, kamen gegen Abend zu einem tieffen Bronnen, deß Adams Bronn genandt, in welchem ein todter Püffel lag, darumb wir das Wasser nicht gebrauchen kondten, unsere Wegweiser führten uns auf die rechte Hand, durch einen waldigen Ort, in ein tieffe sandige Flachin, ein halbe Stund ferter, alldar wir Mannstieffe Löcher in das Sand machten, und Wasser funden, übernachteten daselbst, rund umb uns her wurden etliche Feuer gemacht und Schiltwachten gestellt wegen der wilden Thier, Morgens früh

Den 20. marchirten wir abermahl fort, passirten grosse Wäld und Wildnussen, dar nichts als Elephanten, Tiger, Büffel und Bähren, sich sehen und hören liessen, die Ursach so vilen Gewilds ist, weil hier umb dise Gegend keine Menschen wohnen, kamen umb 9. Uhr vormittags an ein Arm der Refier, so sich weit Landwerts einstreckte, müsten auf die Ebenflut biß umb

12. Uhr warten, damit wir durchkondten; zogen unsere dünne Kleidlein auß, bunden Gewöhr, Lunten, Victualien und Kleider alles zusamen, nahmen selbige auf die Köpff, und müßten ein halbe viertel Stund weit also durch disen Arm watten, die etwas klein waren, müßten oft das Maul zuthun, damit sie nicht gesaltzen Wasser in Leib bekommen, etliche wolten gescheider seyn als unsere Wegweiser, giengen auf der lincken Seit in die Brauning, das ist, wo die Wellen auß der Tieffe gegen den Untieffen sich stossen und übergiessen, vermeynten besser durchzukommen, aber sie fehleten sehr grob, und wurden von der Brauning umbgeworffen und versäufft, über disem Arm hielten wir Rendesvous, hatten aber nichts zu trincken bey so grosser Hitz, marchirten derowegen bald wider fort, ein jeder nahme ein Bleykugel vor den Durst in Mund, arrievirten gegen Abend bey dem grossen Jager- oder Zuckerbaum, pernoctirten dar, müßten aber wider dem süssen Wasser zu lieb, wer trincken wollt, ein gute halbe Stund weit lauffen, und erst ein Loch in das Sand graben, welcher ein Loch gemachet hat, bliebe darbey sitzen, biß er genug getruncken hatte, hernach auß Müdigkeit, und umb der kühle willen darinn ligen und schlaffen.

Den 21. kamen 3. Soldaten mit 3. Pferden, welche von Manara, unseren Ober-Officirn entgegen geschickt worden, zu uns, worauf 3. Soldaten die ihre Füß (weil wir alle ohne Schue und Strümpff marchiren müßten) zerstossen sey, biß nach Aripen rieten; wir kamen Nachmittag umb 3. Uhr zu Aripen, einer bevöstigten Kirchen also genandt, glücklich an, und hatten inner disen 3. Tagen 22. Stund mit blossen Füssen passirt, diser Ort Aripen, ist wie gemeldt, ein bevöstigte Kirch, versehen mit vier Feldstücklein, 24. Niderländischen Soldaten und genugsamer Munition, rund umb her wohnen vil Malabaren, dahero Vieh, Milch, Butter, Schwein, Hüner und Eyer gar wolfeil ist. Sie ist hiehero gebauet als eine Beschützerin der Perlen Banck, damit nicht andere kommen und fischen, welches Criminal; wir kaufften allhier zwey zimbliche Rinder, jedes vor ein halben Reichsthl. darvon unsere beyde Compagnien gespeiset würden; ungesund ist es hier, in dem alle Jahr die Europianen welche hier sind, das hitzige Fieber bekommen, und gemeiniglich der halbe Theil daran stirbet, darumben sie auch alle 4. Monath, mit frischer Besatzung von Manara auß, verwechslet werden, wir übernachteten dar, und giengen

Den 22. fort über ein flaches Land, kamen gegen Abend zu der Insul Manara, da wir ein viertel Stund weit, zu Wasser müßten angeführet werden, dise Insul ligt 6. Meil von Aripen, würden von alldar ligendem Holländischen Capit. Nahmens Schlosser, wol empfangen, und nach Genüge mit Fleisch und Fischen, dergleichen es allhier in Uberfluß, tractirt, besagte Insul, wie schon vor erwehnt, hat 7. Meil im Umbkreiß, ist bewahrt von manierlichen Malabaren, sie ist reich von allerhand Vieh, Geflügel und vilerley fruchtbaren Bäumen, das Wasser darumb her, ist sehr Fischreich, in Summa es ist das rechte irdische Paradis; die Vöstung ist versehen mit aller Nothdurft, ligen darinn bey 100. Holländische Militaire, ein jeder Soldat hat ein Jungen der ihme sein Gewöhr säubert und auf dem March trägt, darneben ein Frauenbild die ihme kochet und aufwartet, die Officirer führen ein prächtigen Staat.

Den 23. 24. und 25. lagen wir in Manara still, und schiffeten

Den 26. von hier in 3. Holländischen Bothen nacher Jaffanapatanam, kamen

Den 27. daselbsten glücklich an, wurden wol empfangen und in dem Fort auf die Seepunt gelegt.

Den 28. 29. und 30. müßten wir auf dem Trillplatz gegen 20. Elephanten Sargiren, bald von fornen bald von hinden her, damit sie zu unserm vorhabenden Feldzug, möchten tüchtig werden, sie wolten anfangs das Pulver gar nicht riechen, zogen, wann man Feuer auf sie gab, ihre Trompeten zuruck, zuletzt waren sie das Schiessen so gewohnt, daß wann die auf ihnen gesessene Indianen, sie nur ein wenig angetrieben, sie fort rund umb uns her, einen Pistohlschuß weit haltende, auf uns zugeeylet, so nah gekommen, daß wir in einer 4. Eckheten Windmühlen Form [1]) gestanden, mit unsern Mußqueten ihnen unter die Naß geschossen, dises doch nicht geacht, sondern durch uns fort, und eingebrochen wären, wann die auf ihnen gesessene Singulesen, sie nicht beyzeiten mit ihren Hacken[2]) gewendet hätten.

Den 1. Decemb. kamen von der Küste Carmandell auß den Vöstungen Balliacade und Nagabatanam[3]), noch 2. Compagnien zu uns, die wurden außerhalb der Vöstung in einen Elephanten Stall einlogirt.

Den 2. kam wider ein Compagn. von Gala, Battacalo und Trinconamala.

Den 3. hielten wir eine General-Musterung, und marchirten mit 6. Comp. 8. Metallen Feldstücklein, welche die Elephanten zogen, und 20. anderen Elephanten, auß dem Fort Jaffanapat. in der Stadt herumb; Müßten auf dem so genandten Galgenfeld, unsere Rayen und Glieder schliessen, und die vornembste Puncten auß Kayser Caroli V. Kriegs-Articul hören verlesen. Von disem

Jaffanapatanam, kan ich so vil schreiben, daß es ein kleines Königreich tituliret wird, welches die Holländer von den Portugesen erobert; Die Vöstung ist mit 4. starcken Pünten und 2.

---

[1]) Windmühlen-Form. Eine damalige Kampf-Formation der Kompagnie oder des Batalions. S. zum Beispiel die Kupfertafel No. 8 (S. 146) bei Herport (No. V dieser Sammlung).

[2]) Die scharfen Haken mit denen die Kornaks ihre Elefanten hinter den Ohren kitzeln. [3]) Paliakata und Negapatnam an der Coromandèlküste.

Rondelen, alles gemacht von weissen Coralsteinen, einer Contrescarp, und einem tieffen Graben wol versehen; Sie ligt an einem untieffen gesaltzenen Wasser auf der Seiten gegen Manara, da die Holländer eben jetzo ein starckes Wasser-Paß bauen lassen; Innwendig wohnen alle Holländische Ober-Officier, und deren Weiber, der Unter-Officier und Soldaten Weiber, wohnen in einem offenen Dorff unter den Bürgern; dises Dorff ist 2. Stund weit, aber darinnen vil Gärten und schlechte Hüttlein, doch schöne Strassen, sie haben zwey absonderliche Plätz, auf dem einen werden Fisch verkauft, auf dem andern alles überige von Seyden, Leinwath, Perlen, Gold, Silber, Saltz, Butter, Gewürtz, Zwibel, Tabac, grosse Ratten und Mäuß, auch allerhand Farben und Kräuter, in Summa was man nur begehrt, ist wolfeil zubekommen; das gangbare Geld ist Kupffergeld, Schilling, Dopliches, Steuber, Damagasties, Orthies und Deuten [1]) diß Letztere ist so vil als ein Heller, darumb man 10. biß 15. Spannen lange Feigen kauffen kan, bißweilen umb ein Deut 2. biß 3. Pfund Fisch, wer fünff Deut zu Marck trägt, kan seine Haußhaltung 4. à 5. Mäuler starck, 2. Tag mit Eßwahren, nach Nothdurfft versehen; ich traffe allhier einen Landsmann an, Nahmens Philipp Conrad Lutz, von Weinsperg, welcher Ober-Barbierer in dem Hospithal allhier, und deß Commandeurs Lorentz Pfeilen [2]), Leib-Medicus, sonsten von Holländern und hiesigen Landes Innwohnern, wegen seiner glücklichen Curen, hoch æstimirt war.

Den 4. brachen wir auf, unser Major Clebout, auß dem Münsterland gebürtig, ließ sich in einem Palakin vor an tragen, dem folgeten alle 6. Comp. ein jede hat ein absonderlichen Ele-

---

[1]) Hollandismen für: Schellingen, Dubbeltjes, Stuivers, Oortjes, Duiten. Damagas ist eine einheimische Münze, s. S. 95.
[2]) Laurens Pijl.

phanten, zu tragung ihrer Pagage. Es lautete daß der March nach dem Land Wani gieng, weilen die von Wani, nach absterben ihres Princen Don Philips [1]), einen anderen, ohne Consens der Holländer, erwehlet, consequenter keine Schatzung mehr nacher Jaffanapatanam zugeben vermeynt, so bald sie aber unsere Ankunfft vernahmen, schickten sie 10. Elephanten entgegen, liessen sagen, sie wollten gern den gewohnlichen Tribut an Elephanten und Geld reichen, wann man sie nur vor dem König von Candi befreyete; der Major schickte sie mit Brieffen nacher Jaffanapatanam, wir arrivirten Abends an einem Ort dar Holländische Besatzung lag, Paß-Pfeil genandt, daselbsten schon alles mit Hütten vor uns auch Victualien gnug versehen war, lagen

Den 5. 6. und 7. still, weil wir durch heissen und tieffen Sand, in einem Tag 10. Stund zu marchiren, zimblich, müde worden, es lagen, ein Canonschuß von disem Fort, 3. Holländische grosse Schiff, von Battavia gekommen, auf welche

Den 8. vier Comp. als zwey von Colombo und die andere zwey von Carmantell, in stille imbarquiren müßten; die übrige zwey Comp. mit den Elephanten und Feldstücken, blieben auf besagtem Paß, wegen der Unruh in Wani; wir segelten denselben Abend fort, gegen der Cüste Caramantell, kamen

Den 9. morgens früh vor Nagapatanam, alldar noch ein Holländisches Jagschiff, 2. Hucker und 3. grosse Bothen wol besetzt mit Bothsgesellen, zu uns stiessen, segelten mit unserer Floth langs der Cüst vorbey, deß Königs von Dennemarck daselbst 8. Stund von Nagapatanam habenden Stadt, genandt Krancko Baar [2]), wir strichen [3]) vor ihrem Admiral-Schiff, wel-

---

[1]) Don Philips. Einheimische Fürsten gaben sich oft ein portugiesisches Prädikat.
[2]) Tranquebar.   [3]) Saluierten mit der Flagge.

ches neben noch 2. Dänischen Schiffen, allda auf der Reede lag, kamen fürter vorbey die Morische Vöstung Porto Novo [1]) genandt, dem König von Volckenthal [2]) zugehörig, da sehr vil Morische Fahrzeug, eines aber auf der Brandwacht [3]), 2. Stund weit von den andern lag, es ließ ein Zeichen wehen, und schoß etlichmal, worauf sich gleich etliche der ihrigen Segelfertig machten, vermeynten es wären Feind vorhanden, aber vergebens, dann unser Absehen war auf die, unweit von Sanct Thomæ [4]) ligende Vöstung Policere [5]), worinnen vil von deß Vice-Roy Lakay [6]) daselbst gehabten Floth, weggelauffene Soldaten lagen, umb solche, weil sie die Holländische Commercien, nicht wenig hinderten, einzunemmen und zu schleiffen, bekamen aber

Den 10. von einem vorauß geschickten Jacht, Zeitung, daß die Frantzosen unser Ankunfft gewußt, auß der Vöstung geflohen, und zu dem König in Volckenthal gangen seyen, deßwegen wir gesambter Hand wider zuruck, nacher Nagapatanam schiffeten, alldar

Den 11. Abends spath ankamen, und uns vor Ancker legten, kam Zeitung, daß die Mohren den zu Masapatanam gelegenen Holländischen Kauffmann, Buchhalter und Scribenten, außer ihrem Pack-Haus verjagt, und alle Wahren hinweg genommen, der Ursach gleichbalden unsere 2. Hucker, mit 150. Soldaten selthin zugehen, commandirt worden, umb den Kauffmann zu secundiren, dise kamen

Den 13. wider, remonstrirten, wie daß sie den Kauffmann und die seinige widerumb, in die Losi [7]) eingesetzt, und die

---

[1]) Porto Novo in 11°30′ N.Br. [2]) Vgl. S. 121. Falckenthal.
[3]) Fertig für alle Kriegsdienste. [4]) In 13° N.Br. (Maliapur).
[5]) Pondichéry. [6]) De la Haye, S. 47.
[7]) Das Comptoir der Compagnie, Ndl. Loge genannt von Portug. Loja = Laden.

Mohren alle weggenomme Wahren darein zulieffern gezwungen, wir lagen alhier still, weil das Schiff müßte mit 400. last Reiß geladen nacher Battavia gehen, biß

Den 12. Januarii, giengen morgens früh unter Seegel, arri- Jan. 1679 virten

Den 13. Mittag umb 11. Uhr bey einem Holländischen Fort, Pünt de Pedre [1]) genandt, ein sehr lustiger Ort, von Dadel, Tamerin, Feigen, Kochus, Jager und Arec Bäumen, unter welchen man eine Stund weit, hin und wider im Schatten, auf schönem flachen Sandboden, gehen kan, wir übernachteten alhier, hatten gut Quartir, und giengen

Den 14. morgens früh über Land nacher Jaffanapatanam, unterwegs gieng ich allein, auf die rechte Seit in ein Malabarisches Dorf, umb ein trunck Milch zubekommen, kam in ein Hüttlein, funde darinn ein alte Frau sampt ihrer Tochter, die gaben mir auf begehren ein halb maß süsse Büffels Milch, vor ein Damagas, so vil als 2. Pfenning, als ich solche getruncken gieng ich wider fort, eylete meinem Volck nach, bekame aber unversehens zwey Schüß mit Pfeilen, den einen in den Waden, den andern in den Schenckel, die ich aber, weil sie keine Widerhacken hatten, gleich herauß ziehen kund, ich schrieh in Malabarischer Sprach: O Nay, Dayoli [2]), mettene Landes Inguwarre das ist ihr Hund und Hundsgeschlecht, es werden bald mehr Holländer kommen, es ließ sich aber keiner von ihnen hören und sehen, ich machte mich ausser den Büschen, in ein flaches

---

[1]) An der Nordspitze Ceylons: Punta das Pedras, jetzt Point Pedro.

[2]) Dayoli ist hier wohl der „Hund und Hundsgeschlecht" bezeichnende Schimpfname, welchen die Holländer den oft von Elephantiasis heimgesuchten Leuten von S. Thomé (Cormandèl-Küste) gaben, die Schweizer aus eigner Beobachtung gekannt haben kann. Der Ursprung des Wortes ist noch nicht mit Sicherheit festgestellt. S. Hobson-Jobson p. 320 und Bijdr. Taal-, Land- en Volkenkunde van Nederlandsch-Indië, Bd. 68 (1913), pp. 343 und 380

Reißfeld, verstopte meine Wunden mit zu Abwischung deß
Gewöhrs, bey mir habenden Oehl-Lümplein, und kame nach,
aber mit zimblichem Schmertzen, zu meinem Troppen, mar-
schirten wider in die Vöstung Jaffanapatanam auf unsern vorigen Posten, hätten disen Tag 8. Stund gegangen, ich gienge
noch disen Abend zu meinem Landsmann Lutzen, der mich mit
schneiden zimblich hart hielt, aber doch wol von den gifftigen
Pfeilenschüssen genaß, ich dorffte niemand diß Unglück klagen, sonsten (weil es verbotten von dem Troppen zugehen) ich
darzu wär gestrafft worden; wir rasteten allwider allhier, biß

Febr. 1679 Den 14. Febr. da wir widerumb nacher Manara, in kleinen
Fahrzeugen geführet wurden, aldar lag eine Fleuth, in welcher
wir gesambter Hand, hätten können nacher Colombo ohne
grosse Gefahr kommen, es nahme aber der Capit. Leuten. nur
die eine Compagnie zu sich, kauffte darneben, bey 60. grosse
Schwein und vil Zwibel, damit in Colombo etwas zugewinnen,
schiffeten also fort, und liessen die Comp. auß der Stadt Colombo zuruck, unterdessen hatten wir gut Quartir, blieben biß

März 1679 Den 1. Martii, da wir uns halbierten in 2. Fahrzeugen, das
eine war ein Holländische grosse Both, Elephant genandt, das
ander ein Malabarisches heilloses Schiff, in welches ich auch
kam, es war gantz offen, hatte weder Compaß noch Steurmann,
wir beklagten uns, daß es unmüglich seye, mit disem Schiff
über Wasser zu kommen, die andere Holländer, welche auf dem
Both Elephant waren, sagten wir sollten nur ihnen nachfahren,
so brauchen wir ja kein Compaß, das gieng also in Gottes Nahmen wol fort so lang es Tag war, gegen Abend, als wir bey Aripen über die Perlen Banck schiffeten, fieng es an zu regnen,
und wehete je länger je stärcker, der Wind war zwar gut, aber
unser Schiff schlingerte so sehr, daß wir uns deß Umbfallens
beförcht, unsere 4. Malabarische Bothsgesellen, funden gut

daß wir so nah am Land hin, als es immer müglich seye, seglen solten, dises gefiel mir nicht übel, also auch den andern; besagten Malabarischen Bohtsknechten, wurde auch bang bey disem Wetter, so bald sie das Land ersahen, sprungen sie in das Wasser, und verliessen das Schiff; wir hatten aber etliche Soldaten unter uns, die hiebevor Bohtsgesellen geweßt waren, die das Ruder angrieffen, und auf das Seegel paßeten, ich saß unter dem Heerd, da die schwartze Bohtsgesellen pflegten zu kochen, damit meine schrifftliche Sachen nicht zu naß wurden, jedoch lieffe das, von den Kohlen und Aschen schwartz wordene, Wasser auf mich, daß ich deß Morgens schwärtzer als ein Schornsteinfeger außsahe, dises war ein betrübte Nacht vor uns, deß andern Tags,

Den 2. bey anbrechendem Tag, segelten wir an ein kleine morastige 50. Schritt weit innhabende Insul, daß wir stecken blieben, erwarteten den Tag, damit uns zu erkundigen, wo wir hinauß müssen, ein alter hiebevor zu Calpintin gelegener, umb dise gegend wolbekandter Soldat Nahmens Hermann Verhülßdong, underrichtete uns, umb welche Gegend Calpintin lige, stoßten unser Schiff mit langen Stangen widerumb von Land ab, und segelten durch vil dergleichen Insulen, kriegten Calpintin bald ins Gesicht, und landeten morgens umb 9. Uhr alda an, funden unseren vermeynten Wegweiser daselbsten, nahmen unser Quartir in der Kirchen, und lagen

Den 2. 3. 4. und 5. still;

Hier soll ich von den Perlen, wie solche gefischet, und verkauffet werden, mit kurtzem melden, daß

1. Die Panck, in dem gesaltzenen Meer, nicht weit von dem Land ligt, sie ist bey 20. Meil lang, und 2. Meil breit, tieff 7. 8. 9. à 10. Clafften, anjetzo den Holländern gehörig, die Schnecken (Austeren) darinnen die Perlen ligen, sind einer Hand breit,

auch grösser, kleben auf dem Boden auf den Klippen, oft 20. biß 30. aneinander, auch weniger, die Panck wird alle Jahr visitirt, ob die Perlen zeitig, und wann sie zeitig, wird an alle benachbarte König außgeschrieben, und die Zeit benachrichtiget, wann gefischt solle werden, da dann die Malabarische Fischer oder Täucher, mit ihren Fahrzeugen, in jedem 2. 3. à 4. Stein deren ein jeder Täucher einen an die Zehen hängt damit sich auf den Grund lasset, und sein Netzlein mit Austern füllet, welches Netzlein und Stein an einer Schnur, durch andere im Schifflein aufgezogen wird, der Täucher aber, schiesset von selbsten übersich und schöpffet Luft, wann nun ihr Schifflein gefüllet ist, rudern sie nach dem Land, und lehren daselbsten auß, und ist auf jedem Fahrzeug, ein Holländischer Soldat, welcher acht haben muß, daß sie keine practiquen spihlen, solcher Gestalten müssen alle Fahrzeug die vorhanden, die erste 3. Tag, vor die Ostindische Compagnie fischen, die andere Tag aber, mag ein jeder fischen oder fischen lassen, wer nur will, wann er von jedem Stein, so vihl in dem Fahrzeug, täglich ein Reichsthl. bezahlet; die Austern, wann sie mit grossen Hauffen an Land ligen, werden den vorhanden seyenden Kauffleuthen verhandelt, je 800. vor ein Reichsthl. welche sie auf gerathwol kauffen und öffnen lassen, und die Perlen suchen, wer da Glück hat, kan bald reich werden, wer aber unglücklich, kan auch wol verderben, zwar ist dise Panck inner 8. Jahren, niemahl gefischet worden, etliche sagen, sie seye verzaubert, etliche aber wollen, welches ich lieber glauben will, durch Ungestümm, seyen allwegen die Austern mit Sand bedeckt worden.

Den 6. morgens früh, gieng unser gantze Compagnie auf die eine Both Elephant, gedachten, weil wir guten Wind hatten, biß auf den Abend in Colombo zu seyn, die Anzahl der Soldaten und Bothsgesellen sampt Officiren, war 110. Wasser hatten wir ein halb aymerich Fäßlein voll, ein Schössel Reiß, ein jungen Büffel, und ein jungen Hirsch, die beyde dem Gouverneur sollten verehret werden, das Schifflein war solcher Gestalten voll, daß ein jeder wo er war, mußte sitzen bleiben, keiner hatte raum zu ligen; der Wind wehete auß Norden, zimblich starck, biß Mittag fieng es an still zu werden, hatten schlechten Fortgang, jedoch auf der lincken Hand das Land allzeit im Gesicht, gegen der Nacht, kam der Wind widerumb stärcker, hatten guten Fortgang, darumb'der Steurmann befahl, fleißig außzusehen, nach der Stadt Colombo, welche wir sehr verlangeten, weil unser Wasser, wegen der grossen Hitz, den Tag über, außgetruncken worden, befunden Morgens

Den 7. bey anbrechendem Tag, daß wir durch den Strom und Unvorsichtigkeit deß Steurmanns, weit Seewerts hinein (in dem wir weder Stadt noch Land mehr sehen kundten) verworffen worden; unsere Officier und Soldaten, waren über den Steurmann erzürnet und hätten ihne, wann er nicht den Mastbaum hinauff, biß an den Flügel gestigen wäre, da er den gantzen Tag über zur Straff müssen sitzen bleiben, in See geworffen, unser Fenderich begehrte deß Landes Selund Carten, und befahl was vor einen Cours man seglen solte, mit welchem Cours wir gegen Abend die hohe Adams Picq ersehen kondten. Liessen die gantze Nacht also fortlauffen, und kamen deß Morgens umb 5. Uhr bey dem Wasser-Paß zu Colombo glücklich an, was aber vor einen Hunger, vilmehr aber Durst, wir dise 2. Tag und 3. Nacht erlitten, ist leichtlich zuerachten; der Steurmann bahte uns umb Verzeyhung, und daß man ihne nicht, dises seinen groben Fehlers halben verklagen solte. Giengen, als die Port auffgieng

Den 8. in die Stadt, und ein jeder auf seinen vorigen Posten, der Capitain, bey deme ich, hiebevor schon gemeldt, ein zeitlang mich aufgehalten, beschickte mich, und fragte, ob ich wolte bey ihme in seinem Haus verbleiben, mit der Feder dienen, solte hergegen seine Taffel geniessen, und frey von all anderen Diensten seyn, welches ich acceptirte, und biß

Jul. 1679 Den 16. bey ihme verharrete, keine übele Tag hat, müßte auf sein befehlen ein præsent, welches der Gouverneur, an den König von Candi schickte, helffen begleiten, bediente Fahntragers Charge, vor so lang als dise Tour währete, das præsent war, Zwey schwartze Persianische Pferd, biß auf den Boden bedeckt mit grünem Sammet, ein jedes wurde geführt durch 2. Malabarische Sclaven, zehen Falcken, ein jeder wurde getragen von einem in weißgekleideten Malabaren, Sechs Muscaliat-Katzen, wurde ein jede in einem absonderlichen Kasten, von 2 Sclaven getragen, 6. Tutucurinische [1]) sehr grosse Hanen wurden auch in sehr schönen Kästen, alle mit grünem Sammet bedeckt, getragen, Zwey Persianische Schaaff, deren Schweiff 20. à 25. Pfund wägete; Ein Kast, darinn zwey 24. mäßige Kolben, mit Persianischen Wein, nach disen wurde ein zwey Centner schwehres Stuck Zandel-Holtz, bedeckt mit feinem weissen Leinwath, getragen, die Brieff an den König, trug ein Sergant in einer Silbern Schaal mit blossem Haupt, ober dem wurde von vier Singulesen Edelleuthen, ein Himmel mit Samet überzogen, auf 4. Stützen getragen, auf einem jeden Eckh folgt wider ein Adelicher Singules, mit einem gar dicken und halb Picq-langen brennenden Wachs-Liecht, der March fieng in dem Casteel vor deß Gouverneurs Hause an, fornen an lieffen etliche Compagnien Singulesen Soldaten, denen folgten ein Compag. gewaffnete Holländer, auf dise das Præsent und Brieff, nach denen noch 2. Compagnien Holländer, die biß an deß Königs Land,

---

[1]) Von Tutukorin auf der Festlandsküste in 8°45′ N.Br.

nach Ruenell ¹), mit müßten, die gantze Stadt war in Waffen, die Canonen wurden rund umb gelößt, bey dem Paß, gabe die geharnischte Compag. 3 Salve, und gieng wider mit etlichen Herrn von Colombo zuruck, wir marchirten all in solcher Ordnung mit unserm Præsent fort, kamen dieselbe Nacht an einen zwey Stund von Colombo gelegenen Ort, da die Holländische Ziegler und Häffner wohnen, übernachteten daselbst, machten uns früh auf, und kamen

Den 17. Abends umb 5. Uhr zu einer Holländischen Schantz, Hanquelle ²) oder Gourwebel genandt, alda wir abermahl übernachteten, und

Den 18. durch einen zimblich wegen Stein und Blutsauger unsauberen Weeg, in einer Vöstung Sittawacq ³) von Holländern besetzt. 12. Stund von Colombo ligend, glücklich an, es wurde gleich an deß von Candi zu Ruenell ligenden Coral ⁴) auf einem Jagerlaub ⁵) geschrieben, daß ein ansehnliches Præsent, an seinen König allhier ankommen, er sollte ein solches berichten, damit es möchte nach deß Königs belieben empfangen werden, kam aber keine Antwort darauf, wir lagen biß den letzten Septemb. also 6. Wochen lang still, kam Befelch von Colombo, wir solten die Præsent, noch vier Stund ferter, über Ruenell bringen, an deß Königs Coral übergeben, alsdann wider zuruck kommen, giengen

Den 1. October einen guten Weeg über 7. kleine Refieren, Oct. 1680. kamen zu der Vöstung Ruenell, die von den unsern hiebevor gebauet, aber widerumb verlassen worden, liessen uns über die Refier schiffen, giengen noch eine Stund ferter, zu einem auf

---

¹) Ruanwelle, O.N.O. von Colombo.
²) Hanwell am Kalani-Fluß.   ³) Sitavaca am Kalani-Fluß.
⁴) S. Anm. 3 zu Seite 49.
⁵) Blatt von dem Jagereros- oder Jagerbaum (Lontarpalme).

dem flachen Feld stehenden Teuffelsbaum, lagerten uns ein wenig zu essen, wir waren kaum eine halbe Stund gelegen, liessen sich, rund umb uns her allenthalben, voll Singulesen sehen und hören, unser Lieuten. Dissave, Adam Schlecht, ließ durch einen seiner Singulesen fragen, was dises bedeute, bekam zur Antwort, sie wären gesandt von ihrem König, das Præsent zuübernemmen, wir traueten ihnen nicht, stelleten uns in Ordnung, und blieben in dem flachen Feld bey dem Baum, sie machten sich je länger je mehr auß dem Wald, ihre Artillerie, kam hinden hernach, so wie schon vorgemeldt, Springhanen waren, dieselbe richteten sie recht auf uns zu, unser Lieuten. Dissave, schickte abermahl hin, ließ fragen, was das vor eine Manier, daß sie ihre Springhanen auf uns richteten? Sie soltens gleichbald umbkehren, oder er lasse Feuer auf sie geben. Sie antworteten widerumb, ihre Springhanen seyen nicht mit scharpff geladen, wir, nur zwey Compagnien Holländer jede à 60. Mann, und etlich 100. Singulesen, wünscheten, daß wir durch dise unzahlbare Heyden, die wie das Graß im Feld, sich sehen liessen, durch wären; die Præsenten wurden durch einen Montliau [1]), so vil als ein Obervogt, einem Königischen Montliau hingeschickt, welcher solche mit Ceremonien empfangen, aber keine Sarge [2]) geben lassen, wir thäten auch also, unser Lieutenant Dissave, begehrte mit dem Königlichen Saudi, selbsten zu reden, sie bestimpten einen gewißen Ort, da ein jeder den halben Weeg hin hat, der unserige war zu Pferd, und jener saß auf einem Elephanten, diese beyde Thier aber wolten nicht zusamen, darumb sie abstigen und zu Fuß einander begegneten, der Königische nahme die Kap nicht ab, weil er ein Königlicher, und diser nur ein Kauffmanns Bedienter, der unser beschwerte sich, daß der König so vil 1000. Soldaten, das

---

[1]) Vielleicht Majoral: ein Unter-Corale. [2]) Charge.

Præsent zuempfangen, sende, in dem er wol wißte, daß er nur zwey schwache Compagnien Holländer bey sich habe, er wider es seye seines Königs Befelch also; nahmen darauf Abschied voneinander, keiner wollt am ersten abziehen, wir müßten doch entlich weil der Abend ankam, aufbrechen, sie liessen uns ungehindert, biß an die Refier bey Ruenell, so ein Wasser dem Rhein zuvergleichen, paßiren, als die eine Compagnie auf zwey Fahrzeugen darüber war, setzten sie hinder uns drein, die bey uns noch zuruck gebliebene Colombischen Singulesen, schwumen durch daß Wasser wie die Hund, und liessen uns im Stich, wir Sargirten Continuirlich von hinden her, und sie auff uns, biß wir doch vollend hinüber kamen, verlohren unsern Lieutenant und 2. Gemeine, auff ihrer Seiten bliben vil, bekamen, weil es anfieng zuregnen, einen sehr schliffrigen Weg, daß wir nicht, ob wir gern wolten, könten starck fort marchiren, kamen zu einer hohen Steinklip, von welcher sich deß Königs von Sittawacq Gemahlin und Tochter, als sie sahen, daß besagter König eine Schlacht, gegen dem König von Candi verlohren, gestürtzet haben, es würde zimlich finster, die Königliche verfolgten uns abermahlen, richteten aber, weil der Weg zu glatt und eng ward, wenig auß, zwar müsten wir unauffhörlich von hinden Sargiren;

Den 2. 3. und 4. ruheten wir zu Sittawacq, ruinirten den 5. zwey Königliche schöne Pagot oder Tempel, unweit Sittawacq an einem hohen Berg gelegen, so in pure Felsen gehauen waren, mit vilerley Teuffelsbildern von Stein und Holtz gemacht, under dem einen Pagot funden wir ein schwartzes Loch das sahe gantz rauchig auß, keiner wolte hinein kriechen, wir wurffen Stroh hinein und zündeten dasselbe an, konten aber die Tieffe und Länge nicht ergründen, je länger man hinein sah, je schwärtzer es war. Einer sagt, hier wohnt der Singulesen Teuffel, der Ander, wer weist ob sie nicht ihre Schätz die sie ihme opffern, darein verborgen, also hatte ein jeder sein Gespött darmit. Unser waren sehr vil Lutheraner darbey, die wir in besagtem Pagot, dar das Loch darunder, mit einander anstimmeten: Ein Vöste Burg ist unser Gott &c. Die Catholische giengen in den andern Pagot, liessen durch einen Soldaten der hiebevor ein Pater gewesen, wol fundirt, Nahmens Johann von Schwanenbrück aus Gelder-Land gebürtig, die Meß lesen, under wehrendem Singen und Meßlesen, fieng es in diesem Loch so grausam und förchtig zu rasen und turniren, daß wir deß Tempels Einfallen besorgten, etliche lieffen heraus, kamen aber bald wider hinein zu uns, weil es von aussen vil förchtiger lautete als darinnen, das wehrete so lang wir sungen, ein gute viertel Stundlang;

Den 6. brachen wir Morgens früh auff, kamen gegen Abend in die Stadt Colombo, funden auff der Ree 2. grosse Schiff ligen, die aus Japponia gekommen, geladen mit Kupffer, Gold, Porcellin und Sacca-Pali [1] das ist ein Tranck sehr gesund, hat aber ein Geruch wie lauter S. V. Wandläuß.

Den 7. hat ich meinen Posten an der Port Victoria, als Corporal, biß

Febr. 1680   Den 8. Febr. Anno 1680. Commandirte mit 110. Köpffen, deß Tags über 6. und deß Nachts 7. Schiltwachten. Morgens und Abends umb 6. Uhren wurde die Port, auff und zugethan, und die an einer silbern Ketten hangende, Schlüssel, in dem Casteel, in deß Gouverneurs Hause verwahrt. Alle Mittag von 11. biß 1. Uhr, werden auch die Thor zugethan, und niemand weder auß noch eingelassen weilen die Leuth gemeiniglich umb dieselbe Zeit, da die Hitz am grössesten ist, in der Stadt schlaffen. Alle Montag hatten wir Trill-Tag, und Sonntag zweymal

---

[1] Das bekannte japanische Getränk Sakèh.

Kirchgang. Da Holländisch und Portugesisch, die Reformirte Lehr, geprediget wird.

Den 9. musten wir die 12. Stund von hier, zu Sittawacq, ligende Compagnie ablösen, kamen gegen Abend glücklich selthin, deß andern Tags

Den 10. marchirten sie ab und überliessen uns die Vöstung, welche folgender Massen beschaffen. Sie ligt Erstlich auff einem Felßigen Orth, unweit darvon, über der Refier hiebevor deß Königs von Sittawacq Pallast gestanden, von den Portugesen verwüst worden. Pro 2 do hat sie in die Runde bey 400. Schritt, ist viereckicht mit 4. Pünten, Nahmens Reitgloff, Lowisa, Colombo und Gala, auff jeder 2. acht Pfund schiessende Stück stehen, in der Mitten dieser Vöstung stehet ein grosses viereckig Plock-Hauß, unden darinn ligen ihre Victualien von Reiß, Fleisch, Speck, Saltz, Indianischer Brandtenwein, Pulver, Handgranaten, Stünckhäffen, und Kugeln, alles in Uberfluß, in der Mitten 24. Treppen hoch, ist ein starcker Bod von Balcken gemacht, darauff haben wir unsern Schlaff und Rüstplatz, in jedem Eck stehen 2. Stück, so vier Pf. schiessen, ob diesem Boden ein Ziegel-Tach, deß Tages über wachten wir mit unserer halben Mannschafft, und deß Nachts muste bey lebens Straff, ein jeder in der Vöstung seyn, Morgens und Abends, wurde nach gethanem Gebett, die Roll, und alle Sonntag auff unserem Schlaffplatz, ein Predig gelesen.

N.B. Hier ligen auch continuirlich ein Compagnie Ambonesen Soldaten, welche auß Ambon gebürtig, in Holländischen Diensten, deren Lieutenant, Nahmens Alons, war auß Königlichem Geblüt. Des Tages über ligen sie ausser der Vöstung bey ihren Weibern, in ihren eine gantze Gaß zusamen gemachten artlichen Hüttlen, deß Nachts aber, müssen sie auch in der Vöstung bleiben, sind sehr geschwinde Leuth mit Springen und

Fechten, bekommen wenig Haar an dem Barth, haben hndien in der Ancken ein Gewächs wie ein zimblicher Kropff, ihre, Gage ist Monatlich, eines Lieutenants 24. Fahnträgers 16. Cornet 8. und eines Gemeinen 5. Reichsthlr. Contant Gelt. Die Singulesen förchten diese Ambonesen, welche theils von der rechten Menschenfresser Art, vil übeler als die Europianen. Sie führen Mußqueten und Hand Degen, ihre Sprach ist Ambonesisch können aber meistentheils auch Malley- Singules- Portuges- und Holländisch; sie seynd grosse liebhaber der Wettwürffel und Kartenspiel, deß Sontags warten sie dem Hanengefecht ab, darob sich mancher Arm wettet, die übrige Tag, wann sie kein Geld haben, machen sie von dinnen Rotting (Meerrohr) allerhand schöne Körb, Kretten und dergleichen. Wann sie ihren Monat Sold empfangen, bezahlt ein jeder was er schuldig, mit dem über Rest gehet er zu dem Würffel- oder Kartenspiel, das währet so lang, biß einer unter ihnen alles Geld beysamen hat, auch ihrer Weiber Geschmuck von Gold, Silber und Seiden muß daran, die Weiber, welche theils Ambonesin, Singulesin und Malabarin, dörffen nichts darzusagen, sondern müssen, wann der Mann das Gütlein verspilet, ihn und seine Kinder noch darzu so gut sie können, den Monat durch mit essen ernehren, und auff ander Spilglück warten.

WARUMB DIESE VÖSTUNG HIEHERO GEBAUET

Sie ist Erstlich eine Feldwacht wegen deß Königs von Candi. Zu dem andern, haltet sie 3. Corl, Nahmens Kuculu [1]), daß ist zu Teutsch Hüner Graffschafft, weilen sehr vil Hüner darinne erzogen werden, der ander Bulatkam Corl, wegen vil darinn zu ihrer Speiß wachsenden Laubes, der dritte Bisang Corl, weil

---

[1]) Es gab einen Distrikt, der Kukele Corle hiess. Die beiden andern Namen sind entweder Verstümmelungen oder nur Soldatensprache.

vil Bisang (Feigen) darinn wachsen, deren jeder Corl etlich 100. Bauren innen hat, im Zwang, welche von ihren Reisz-Feldern den vierten Theil müssen anhero lieffern, von ihren Fruchtbaren Zucker- Kochus- und Arec-Bäumen, müssen sie auch von jedem der trägt, so vil als 5. Kr. geben. Zu dem Dritten ist diese Vöstung eine Hüterin der Edelgestein, als Rubinen, Saphiren, Smaragden, Firmament-Steinen und Tupassen, welche alle die Erd in sich verborgen hält, durch grosse Regen und Wasser-Flüß aber in der Refier die von Saffrigam einer hiebevor gewest-jetzo aber demolirten Holländischen Vöstung her laufft, sehr vil kleine, auch bißweilen wann das Wasser klein, grosse Rubin gesehen werden, ja das Sand, welches diß Wasser führet, ist lauter Stoff, roht und blaw von Edelgesteinen. Wir badeten offt in diser Refier, aber wegen deß Crocodils nicht wann es trüb war, suchten solche Stein, welcher aber nicht schwimmen- oder in die tieffe Löcher, da das Wasser seinen Fall hat, in welchen die gröste gefunden werden sich wagen kondt, thäte vergebliche Müh; unden an diser Vöstung, laufft ein kleines Wässerlein, von grossen Wildnussen und zwischen hohen Bergen herkommende in dise Refier, in welchem die Saphir- Firmament-Stein, Smaragden und Tupassen gefunden werden, wir spatzierten manchen Tag in disem Wasser eine Stund weit hinauff dergleichen Stein zusuchen, die Ambonesen machten uns starcke kleine Süblen darzu, welche wir under dem Wasser in den fall Löchern voll Stein und Sand fülleten, und in dem hellen Wasser, das Sand und Wasser davon redeten, welcher also einen guten Stein in seinem Sieb, der liesse sich gleich vor andern heraus sehen, etliche under uns suchten nur mit den Händen, funden aber selten etwas rechts. Hier hatten wir abermal unsern Feind den Elephanten, welcher uns offtermal grobe Possen machte, das wir musten ihrentwillen einen andern Weg, 2. oder

3. Stund weit umb, nacher unserer Vöstung nemmen, ich trüge allzeit ein gute Flent bey mir, wegen deß Elephanten, Tigers und gifftiger Schlangen.

WO DIE EDELGESTEIN HERKOMMEN

Robinen, die wachsen in rohtlecht, halb stein- und sandigen Erd, 1½ biß 2. Clafter tieff, Aderen weis, und wann durch reissendes Wasser, eine solche Ader erhaschet wird, kommen die Stein in die Refieren, behalten darinn ihren Glantz, wann sie nur mit Wasser oder Sand bedecket seynd, so bald sie aber etlich Tag durch münderung deß Wassers in der Sonnen ligen, werden sie verbrandt und sehen kohlschwartz.

Saphiren, die wachsen in einem gantz blawen harten Grund, eines Claffters tieff, auch Aderen-weis, und werden auch wie die Rubinen durch grosse Regen-Flüß in das Wasser geflößt, eines Finger-Glids grösse, auch kleiner, also auch

Die Smaragden, und braune Tupassen, die Firmament-Stein, also genant, weil sie roht wie Feur, blaw wie die Wolcken, auch wasser und Erdfarb durch einander in sich führen, sie seind in der grösse eines Kopffs von einer Eichel, noch ein Stein findet sich allhier, den heisset man

Katzen-Aug, der sihet weiß und blaulecht durcheinander, wie man den drehet, so wendet sich auch das Blaw in dem Weissen herumb, nicht unbillich ein Katzen-Aug genennet.

Cristall, roth, braun, gelb, schwartz und weiß, ligt es aller Orthen voll, groß und kleine Stücker, an denen ich offtermal meine Füß beschädiget, wir hatten aber ein heilsames Kraut, das heissen wir Pferdfüß, welcher ein offen Schaden, und nur ein solches Blättlein alle Tag 2. mal darauff legte, war in 3. Tagen wider genesen. Etliche von unser Compagn. lagen alle

Tag in diesem kalten steinreichen Wasser, vermeinten einen grossen Reichthumb heraus zu hohlen, würden aber bald Kranck, deßwegen unser Ober-Officier das Stein suchen bey schwerer Straff verbotten, wir hatten also, wann unsere Wacht nicht war, mit dem Stein suchen meiste Zeit, biß

Den 28. zugebracht. Auff eine Zeit funde ich ein Stund weit von hier einen Alten Singulesen mit seinen zweyen Söhnen à 16. und 18. Jahr in dem Wasser Stein suchen, näherte mich denselben in stille, daß sie meiner nicht gewahr wurden, dann wo sie mich bey zeiten gesehen, so wären sie durch gangen, ich fragte sie in ihrer Sprach Gallu Netti, daß ist, ob sie keine Stein gefunden, der Alte antwortet gleich bald Netti Ralu, das ist, nein Herr, ich wolt das nicht glauben, visitirte in seinem Kleidlein, funde in einem darein gemachten Knopff, neben anderen kleinen ein Saphir, einer zimlichen Haselnuß grösse, ich fragte ob er den Stein nicht verkauffen wolte, er antwortet nein, endlichen bote er mir den grossen neben 2. kleinen umb teutschen Gelds 24. Kr. ich aber hatte kein Geld bey mir, und därffte auch disem Bauren den Stein mit Gewalt nicht nemmen, sonsten er als ein Holländischer Unterthan geklaget hätte, under wehrendem disem Handel practicirte ich einen anderen nichts werthen Christallin Stein in die Hand, und den guten in den Mund, dessen er nicht gewahr wurde, sagte zu ihm ich hätte anjetzo kein Geld bey mir, er solte nacher Sittawacq kommen, ich wolte ihme das Geld vor den Stein geben, da habe er den Stein wider, in dem er mit zittern die Hand erbote, ließ ich das Cristall, durch die Finger in daß Wasser fallen, er sahe das, vermeinte es wäre sein Stein, sagte ô Deine Balatie, das ist, ô Gott er ist hinweg, ich sagte er könne ihn wol wider finden, er und seine Söhn suchten fleissig nach dem Stein, kondten aber den nicht finden, sie bekümmerten sich groß darumb, ich nahme sie mit nacher Sittawacq, welches sie, wann sie den Stein noch gehabt, aus mißtrauen nicht gethan hatten, und bezahlte ihnen 3. leichte Schilling oder 24. Kr. dessen waren sie froh und giengen nacher Hauß.

März 1680 Den 1. Martii giengen unser drey Lutheraner, jeder mit einer Flent nacher dem Berg, allwo wir ohnlängst die zwey Pagoten (Teuffels Tempel) ruinirt, zu sehen wie es alldorten laute und ob es sicher seye, passirten etliche Singulesen Wohnungen vorbey, kommen in diselbe Tempel, bliben 2. Stund darinn weil es kühl war, vernahmen gar nichts, giengen auch zu dem schwartzen Loch, schrien hinein, wolte sich aber nichts hören noch mercken lassen. Ich kauffte unden an dem Berg, bey einer Alten Singulesin etliche Hüner und einen jungen Hanen, jedes Stück vor 2. Kreutzer, sie sagte, ich solte disen Hanen nicht tödten, er seye hiebevor als sie noch Dienst in dem Pagot gethan, dahin geopffert worden, dahero sehr gut zum kämpffen, ich achtete dieses alten Weibes Geschwätz nicht, trug den Hanen in die Vöstung, ließ ihn darinn lauffen, der aber machte sich inner wenig Tagen über all darinn seyende etlich und dreyßig Hanen Meister, dessen sich alle Menschen verwunderten, da gedachte ich erst an das alte Weib. Die Ambonesen höreten diß, kamen alle Tag zu mir, muste meinen Hanen gegen den ihren offt kämpffen lassen, und welchen der meine überwunden, denselben hatte ich gewunnen, sie untereinander verwetterten vil Geld, ich aber gewann inner 3. Monat 32. so groß als kleine Hanen, wolte entlich keiner gegen disem mehr Wetten, sagten, der Han habe ein Singulesen Teuffel inn, als wir widerumb nacher Colombo zogen nahme ich meinen Hanen mit, vermeynte gleich hier grosse Thaten damit zu thun, er wurde aber daselbst von einem Tutucurinischen Hanen gleich das erste mal abgeschlagen und überwunden.

Den 2. Martii Morgens früh kam ein Lascrin, sagte es seye an der andern Seiten über der Refier ein Elephant in deß Königs Bronnen gefallen, ich gienge auch hin, sahe den Elephanten in einem 12. Claffter tieffen grossen rund gemaurten wenig Wasser habenden Bronnen ligen, gantz gebogen, mit den Füssen under sich, und den Kopff in die Höhe, wir warffen ihme Feigen Blätter hinab, die er mit danck annahm und aß, er hebte seinen Schlurp in die Höhe, und gab ein groß erbärmlich Geläut gegen uns, als wolt er sagen, man solt ihme helffen, hat aber nicht geschehen können. Ein Tambour von uns, welcher hiebevor mit mir auff der Jacht gewesen, und von einem Elephanten nicht wenig Gefahr außgestanden, auch villeicht wäre getödtet worden, wann er nicht auff einem hohen dicken Baum sein Leben salvirt, sein Gemüt zukühlen, gieng deß anderen Tags stillschweigend hin, und warff vil dürr Holtz auff disen Elephanten, und zündete mit einem Strohwisch das Holtz an, und verbran denselben ohne mitleiden, sagte nach der Hand, es seye villeicht diser, der ihne so verfolget habe.

Den 3. Abends zwischen 8. und 9. Uhr, kam ein starckes Erdbeben von Nord-Westen her, davon unser Blockhauß sich sehr erschütterte, alle Soldaten die die Wacht nicht hatten, wurden aus dem Schlaff davon auffgeweckt, vermeinten es seye Alarm, ein jeder wolt der Erst die Steegen hinunder mit seinem Gewehr seyn, die brennende Lamp, wurde durch das Gedräng außgelöscht, das verursachte noch grössere Forcht, und machte, das wenig die Steeg hinunder giengen, sondern einer von dem andern die Steeg hernieder gestossen wurde. Dises Erdbeben hielte 3. underschiedliche mal nacheinander an, und vermeinten wir das letzte mal nicht anderst, als die gantze Insul werde undergehen, ich habe nachgehends zu Colombo von Steurleuthen die auff der Ree mit ihren Schiffen gelegen vernommen, daß auch sie dises torment auff ihren Schiffen mercklich verspürt, mutmasse also ich, daß die Erdbeben innerliche Wind sein, die durch ihre starcke Außbrüch, Berge zerreissen und das Meer ungestümm und wallend machen können. Ich brachte meine Zeit disen Monat ausserhalb meinen Wachtstunden mit Jagen zu, und versahe meine Küchen wol. Eines Abends, da der Mond die gantze Nacht scheinete, giengen mit Urlaub unsers Lieutenants unser vier, ich, ein Schwed, ein Flamming, und ein Brabander, in ein, eine stund von hier ligende schöne Ebne, bewachsen mit jungem Graß, vermeinten alda Hirsch oder Elend zu schiessen, setzten uns auff der einen Seiten an einen Berg, da wir vermeinten das Gewild aus dem Wald kommende zuerhaschen, kamen erstlich etlich zame Püffel, under denen ein grosses Elend war, recht auff den Schweden zu, er aber erkennete daß Elend nicht, so bald das Gewild den Geruch von ihm hat, gieng es wider in die Höhe und schrie etlich mal. Von der anderen Seiten höreten wir vil Elephanten den Berg herunder in die Ebne brechen, nachdem wir nun deß sitzens biß umb 12. Uhr müde worden, giengen wir zusamen, berahtschlagten uns wider die Elephanten, der eine sagte, sie seind Ursach, daß kein Gewild in das Thal kommet, der ander bekräfftiget solches mit ja, wir resolvirten uns hinunder auff sie loß zugehen, kämen mitten auff die Breitten, da brach ein Elephant aus den Büschen mit schnellem lauff auff uns zu, wir das ersehend, nahmen die Flucht durch den Bach auff unsere vorige Klippen, resolvirten uns widerumb auff sie loß zugehen, und nicht wie das erste mal zu weichen, giengen mit wol versehenem Gewehr fort, ersahen auff der lincken Seiten in dem Thal, zwey grosse Elephanten under einem Baum das Laub darvon essen, der Schwed wolte am besten Courage haben, gieng voran, auff 60. Schritt nahe zu ihnen, und gabe Feur, disen Schuß achteten sie nicht, icht gienge etwas näcker, schoß den einen auff die Stirn, davon er jämerlich anfieng auff seiner Trompet oder Schlurp zu blasen, und lieffen dise beede mit grossem Geräusch zuruck in den Wald, und nahmen die Flucht. Auff der rechten Seiten höreten wir noch etliche, rahtschlagten dieselbe auch zuverfolgen, sie stunden wie die Pferd an der Rauffen, der Ordnung nach umb einen dicken grossen Baum, dessen Aest weit hernider giengen, an der einen Seiten, und frassen das Laub darvon, wir kamen auff der andern Seiten, nahe zu dem Baum, höreten das brechen wol, konten sie aber nicht gleich sehen, ich gienge mit gespantem Hanen, umb den Baum auff die lincke Seit, ersahe ein grausames Thier, neben noch 4. kleinen, nicht 10. Schritt von mir stehen, darvor ich mich schier entsatzte, zihlete nach dem grösten und traff ihne recht in den Kopff, daß er seine Trompet darüber hören ließ, ich retirirte, der ander trat auff und gab Feur, das Sargiren gieng schnell auffeinander, biß jeder 3. schuß gethan hatte, da wichen sie zuruck nicht über 20. Schritt, und bliben in dem Morast ein wenig stehen, und schrien alle zusamen aus Zorn, wir funden nicht gut, länger sie zuverfolgen, sondern lieffen wider nach unserer Vöstung Sittawacq. Morgens früh giengen die umb selbige Gegend, auff der Höhe wohnende Singulesen in das Thal hernider, zusehen was daselbst weil sie das ungewohnte vile schiessen gehört, passirt seye, funden den grossen Elephanten mit 2. schönen Zähnen im Thal ligen, zeigten solches unserm Lieutenant an, welcher gleich mich darüber beschickte und fragte, ob wir den Elephanten geschossen? Ich antwortete es könne wol seyn, es habe unß ein Elephant vergangen Nacht verfolgt, auff dene wir genöhtiget worden, etliche Schüß zugeben, er berichtete solches nach Colombo, und schickte beyde Zähn mit hinunder an den Gouverneur, dann sonsten es verbotten, ein Elephanten zuschiessen, es geschehe dann aus einer Nothwehr. Das Fleisch ist nichts nutz, sein Unschlitt brauchten wir in unsere Lamp, und die Beiner bliben ligen. In dem Monat Aprillen regnete es immerbar, dardurch wir mit Wasser belagert wurden, die Ambonesen samt Weib und Kindern flohen zu uns in die Vöstung, alle Menschen und Gewild flohen auff die Berg, unser Sittawacq wurde unsauber von vilen Schlangen, 1000. füssigen gifftigen Thieren, und eines zimlichen Krebs grösse Scorpionen; der Ursach an der Port bey der Wacht so wohl als auff allen Posten da Schiltwachten stehen, Nächtlicher Weil, Wachtfeur gehalten worden.

In dem Monat Majo, hatten wir etwas weniger Regen, nichts besonders, als daß etlich mal die Elephanten Troppenweis, sich rund umb uns sehen lassen. Ich gieng mitlerweil deß Nachts wann es recht finster, mit den Singulesen Jägern auff die Jacht, und bekame vor unser gantze Guarnison Gewild genug. Das geschihet auff folgende Art

Fornen an gehet ein Indian mit einem Feur auff dem Kopff, und hat in der Hand ein Holtz, das ist mit 10. oder 12. stummen Glöcklen behangen, darmit schellet er ohn underlaß, und gehet also fort, so bald aber einig Gewild, Püffel, Elend, Hirsch oder Hasen das Geläut hören und das Feur sehen, lauffen sie darauff zu und so nahe, das der hinder dem Feur gehende Jäger das Gewild an den Augen erkennen, und ohne grosse Müh schiessen kan, underweilen lauret der Elephant auff solche Jäger, und schläget mit lebens Gefahr deß feürtragenden, das Feur ihme von dem Kopff, und verfolget sie miteinander.

Den 1. Junii[1]) kam ein Ambassad von Colombo hier an, Namens Mirop, hatte bey sich ein Ambassad von dem König in

---

[1]) Die hier folgende Episode ist von François Valentijn übernommen in „Oud en Nieuw Oost-Indien" V. 1. 1726.

Persien, der sich auff einem Persianischen Karren, sehr wunderlich gemacht mit zweyen weissen mit weiß Leinwad bekleideten Ochsen ziehen ließ, mit Præsenten zweyer Löwen, 3. Tigerthier, 12. Muscaliat-Katzen, alle getragen in schönen Kästen, mit grünem Samet bekleidet; zwey schwartzer Persianischer Pferdten auch mit grünem Samet bekleidet, und 20. Falcken, wurde ein jeder absonderlich von schwartzen Malabarischen Sclaven getragen; die Brieff truge der Holländische Ambassad: in einer silberen Schalen under einem schönen darzu gemachten viereckten Himmel, den 4. Singulesen Edelleuth trugen mit grossem Pracht und entblösten Köpffen.

Den 2. Convoirten wir dise Gesandten biß under den Teuffels Baum nacher Ruenell, allda wir in der Flachin 3. mal Salve gaben, und gleich wider zu ruck giengen, sie giengen mit ihren præsenten fort, in deß Königs Land, gegen Buac Bitge [1]), als der König von Candi das vernahm, befahl er, man solt ihnen in dem Buac Korl, sampt ihren Thierern, gnugsamen underhalt geben, und wohl verwahren biß auff andere verordnung, ob sie ihr Lebtag widerumb dar vondannen kommen, stehet dahin, ich hatte dise Ambass. Stell zu dem Tyrannen nicht begehrt. Ein vor 22. Jahren selthin geschickter Holländische Envoi Nahmens Jan Baptista [2]) sitzt noch in Candi gefangen. Ein von dem Frantzösischen Vice-Roy Mons. Lahay [3]) zu Pferdt von Trinconamala selthin geschickte Adel. Gesandte gehet noch in eisenen Banden, und wird villeicht auch, weil diser König lebt, nimmer entlassen. Dise müssen sich kümmerlich nehren, obschon der König befihlt ihnen Wochentlich ihr nohtwendige Lebens-Mittel von Reiß und anderem zugeben, wird ihnen jedoch nicht

---

[1]) Gemeint mag sein Bowagom, südlich von Kandi.
[2]) Auch bei Knox erwähnt, (ed. Ryan, S. 293).
[3]) De la Haye, S. 47 und vgl. Knox (ed. Ryan S. 295 flg.).

vollkommen gereicht, sondern von deß Königs Bedienten reichlich halben entzogen. Eben disen Tag als die Præsenten weggangen, kamen zwey Eißgrawe weisse Männer in Singulesen Kleidern zu uns in die Vöstung ¹); Sagten wie das vor 22. Jahren mit einem Engelischen Schiff bey Calpintin, an diser Insul sie neben noch 10. Bohts-Gesellen, mit der Boht an Land geschickt worden, umb Holtz und Wasser zuholen, sie seyen aber von den Königischen erhascht und nacher Candi geführet worden, die andere 10. seyen gestorben, sie beyde aber der eine ein Constabel, der ander Trummenschlager bey dem König biß dato gewest, dißmalen ihr Leben gewaget, und vor 8. Tagen ihre schwartze Weiber und halb weisse Kinder verlassen und durchgangen, den Weg dem Wasser nach deß Nachts gesucht, und deß Tags über in Wildnussen still gelegen, heut das schiessen mit Stucken von der Vöstung Sittawacq gehöret, und darauff zugangen, mit Gottes Hülff also von disen Heyden, widerumb zu Christen kommen. Sie redeten beyde gut Engelisch, Singulesisch und Portugesisch, Teutsch kundten sie nichts. Der Constabel erzehlete mir under anderm, daß die Ruperten dar auff deß Königs Canon ligen, mit Gold und Silber beschlagen und mit Rubin und Saphiren, rund umbher eingelegt seyen; Er habe einen Rubin gesehen, den ein Singulesen Baur gefunden, und wegen seines schönen Glantzes mit nacher Hauß genommen, denselben an statt eines schleiff Steins gebraucht, seine Axt, Beihl und Messer etliche Jahr darmit geschliffen; welches

---

¹) Schweitzer fantasiert hier. Es kann hier nur von den beiden Engländern Robert Knox und Stephen Nuttall die Rede sein. Diese waren am 22. Sept. 1679 entflohen, kamen am 18ten Oktober in Aripo an und wurden von dort via Manar und Colombo nach Batavia gebracht. Schweitzer, in Sitavaca, kann nur über Knox und Nuttall etwas mündliches vernommen haben und setzt in den Juni 1680 was schon im Oktober 1679 geschehen war. Auch diese Episode hat Valentijn Schweitzer entlehnt.

der König von einem seiner Aratschi oder Capitain, der ungefähr auff einem Feld-Zug bey dem Bauren Logirt, erfahren, den Bauren lassen vor sich fordern, ihne gefragt, was er vor den Schleiffstein begehr, der Baur antwortete, er habe ihn bey Bibliogam in der Refier gefunden, seye zu deß Königs Diensten, er könne bald einen andern Schleiffstein bekommen; der König sahe daß der Baur Einfältig, und den Stein, nicht gekennet (sonsten wo der Baur gewust und bekennet daß es ein Rubin, hatte es ihn sein Leben gekostet) ließ ihm etliche Püffel und ein grosses Stück Reiß-Feld verehren, mit dem Befelch, er solte dergleichen Stein in das Künfftige ligen lassen.

Den 3. wurden dise 2. Arme Engelländer in einem Fahrzeug an den Gouverneur nacher Colombo geschickt, welche ich Convoiren und überbringen müssen, der Gouverneur bewillkomte sie, mit Verwunderung, examinirte sie umbständlichen, und befahl seinem Hoffmeister sie kleiden, und bey ihme speisen zu lassen, so lang biß Gelegenheit nacher Batavia sich ereigne, von dar sie widerumb nacher Bantam in ein Engelisch Schiff zukommen, Gelegenheit haben köndten.

Den 4. marchirte ich neben 2. Soldaten wider fort nacher Sittawacq, kamen deß Abends allda Glücklich an, und verharrete biß wir

Den 14. von einer anderen Compagnie von Colombo widerumb abgelöset worden, giengen

Den 15. hier von dannen, und kamen deß Abends noch in die Stadt Colombo, ich hatte 200. Bulat-Blätter oder Laub das sie kauen, durch einen Singulesen neben meiner Pagage nacher Colombo mittragen lassen, die ich an eine Wittfrau, deren Vatter ein Portuges- und die Mutter ein Singulesin gewesen, Namens Branco de Costa, weil ich bey Ihro in die Kost mich bestellet, verehret, sie vermeinte ich hätte Affection gegen Ihro,

ich liesse sie auff dem Glauben bleiben, aber vergebens, nicht
darumb weil sie so schwartz, sondern weil sie sehr grosse einer
Spannen lange Ohren hatte, die zwar mit Gold zimlich behangen waren, und weil sie ihre biß auff den boden hangende Haar,
mit Klapper-Oel von Kochus Nussen gemacht, alle Tag
schmierte, ihre Haar wicklete sie auff, wie in Teutschland die
Pferdt auffgeschwäntzt werden, truge ein, einer Spannen langes weisses Camisol von feinstem Leinwad mit güldenen
Knöpfflein fornen zugethan, durch welches ihre schwartze
Haut wol zusehen war, unter disem Camisol, war der Bauch
mit dem Nabel ein Spannen lang bloß, under dem Nabel biß
auff den Boden, hatte sie Erstlich ein weis, von Leinwad, darüber ein schönes gefärbtes Seiden Kleidlen umb gewickelt, sie
hatte ein grosses Pater Noster von Gold und Helffenbein umb
den Hals hangen. Sie verstunde kein Teutsch, sondern redete
ihrer Elter Sprach, Portugesisch, Singulesisch auch Malabarisch und Maldivisch, dise letztere mit der Singulesen Sprach
allerdings übereinstimmet. Ihr voriger Mann, war ein Frey
Kauffmann zu Colombo Jan Christiansen, hatte ein eigenes
Schiff, mit welchem er underschiedliche mal nach Pangala in
den Fluß Gangem Janges hiebevor Pison Gen. 2. nach Pipoli [1])
geschiffet und gute profiten gethan; Anno 1678. ist er widerumb
selthin gefahren, und wie gemutmasset wird, in dem daselbigen
Golfo, mit seinem Schiff und Leuten deß Nachts in einem Orcan umbgekommen; ob schon ihr Mann ein zimliches mit sich
genommen, hatte sie doch an guten Mitteln über 20000. Ducaten werth und 20. Pangalische Sclaven die ihro dienten, welche
sie mit schlagen und geisseln Henckermässig tractirte. Ich gab
Ihro Monatlich vor die Kost 2. Rthlr. hatte darvor gute Taffel
und alle Mahlzeit ein Trunck Bier oder Suri, hier lagen dißmal

---
[1]) Pipeli an der Hoogly.

2. Segel Chaloupen und ein Jacht Schiff fertig nacher der Küsten Malabar zu gehen, den Malabaren den Pfefferhandel mit ihren Fahrzeugen zu verwehren. Ich wurde als Corporal oder Commandeur auff daß Jacht Trinconamala mit 20. Soldaten, die ich meines Gefallens von der Compagnie nemmen därffte, zugehen commandirt, die andere zwey Fahrzeug hatte jedes 12. Soldaten und 7. Botsgesellen auff, giengen

Den 18. Nachmittags zu Schiff, und gegen Abend unter Segel, ich hatte bey mir ein Steurmann und 15. Bothsgesellen und 20. Soldaten, wir liessen als Admiral die Flacke wehen, lavirten von Colombo in See, sahen

Den 19. 20. 21. und 22. kein Land, hatten guten Wind, aber den Strom gegen uns.

Den 23. Vormittag sahen wir Land, und kamen nachmittags spath vor die Stadt Couchin, die hiebevor den Portugesen gehöret. Ich und der Stuermann giengen zu dem daselbstigen Commandeur, überbrachten Brieffe von Colombo, der uns deß andern Tags noch ein Chaloup mit Soldaten ließ zugeben, mit Instruction, wie und welcher Gestalten wir uns mit den Malabarischen Fahrzeugen verhalten solten, giengen

Den 25. von dar in See, Lavirten von und zu dem Wall, langs der Cüst, allerding biß zu Goa einer Portugesen Stadt, hatten schier alle Tag Jacht, die Fahrzeug, welche keinen Holländischen Paß, und Pfeffer oder Cartamunga [1]) inn hatten, nahmen wir gefangen. Ihre Victualien und Wahren, luden wir in unsere Schiff, und liessen die ihre sincken, vil aber lieffen mit ihren Schiffen auf den Strand, und schwumen vollend an Land, wir aber dörfften mit den unsern, weil sie tieffer giengen, so weit nicht kommen, müßten sie wider verlassen, kamen

---

[1]) Kardamunggu ist Malaiïsch für Cardamom, eine Pfefferart (Elettaria cardamomum).

Den 16. Octob. wider glücklich nacher Cutschin, brachten 50. Oct. 1680
gefangene Malabaren, vil Zwibel, Pfeffer, Cardamunga, Reyß
und gedörrte Fisch mit uns ein, reportirten dem Commandeur
alles, der uns den bekommenen Preiß, außer den Pfeffer, zur
Beuth behalten, und außtheilen ließ, wir lagen biß

Den 20. Novemb. alldar still, hatten gute und wohlfeile Nov. 1680
Speiß und Tranck, besser als auf Seilon, giengen

Den 21. mit unserer Floth wider von dar, und kamen

Den 29. nachmittags umb 3 Uhren zu Colombo widerumb
glücklichen an, übergaben dem Gouverneur die Brieff, welche
wir von Coutschin gebracht, und bezog ein jeder sein voriges
Quartir, hatten auf diser Rayß nicht mehr als 2. Todte, die mit
vergifften Wurffpfeilen getrofffen worden, und einem Botsgesellen, durch springen eines 2. Pfund schiessenden Stücklens,
wurde die Hand weggeschlagen.

Den 30. Wurde ein Capit. de Armis, Nahmens Hans Scholten,
von Mülheim, da der Eulenspiegel begraben ligt, gebürtig, weil
er einen Serganten todgestochen, Argipusirt. Er war Lutherischer Religion, ein Reformirter Pfarrer Nahmens Masius, besuchte ihn fleissig, als er Hans aber auff das Galgenfeld kam,
bettete er allein, Wann mein Stündlein vorhanden ist &c. biß
zu End, hernachmal, als ihme die Augen schon verbunden waren, Herr meinen Geist &c. In dem wurde er mit dreyen Kugeln
wohl getroffen, von seinen Cameraten gleich in eine Bahr gelegt,
und auff den Kirchhoff getragen; nach disem wurden 2. Mohren von Falckenthal[1]), die Nächtlicher Weil auff der Perlenbanck bey Aripen erhascht worden, gegeisselt, sie schrien nur
apoi Paringe, apoi Paringe, das ist in Malabarischer, Sprach
ô weh ihr Herrn, ô weh ihr Herrn, liessen endlich die Köpff auff
eine Seit hencken, und schryen nimmermehr, ich vermeinte sie

---
¹) Vgl. S. 95. Volckenthal.

wären tod, so bald aber die Angolische Caffer mit geißlen auffhöreten, richteten sie die Köpff wider auff, in ihre Wunden wurde Saltz und Pfeffer geriben, und sie hernach in Ketten zusamen geschmidet, under die Compagnie Leibeigene geworffen.

Dec. 1680 Den 1. Decemb. gienge ich in Ermanglung eines Scribenten, das Erstemal auff daß Holländische Soldi Cantor, hatte über meine Gage Monatlich 4. Rthlr. Kostgelt, unser Generalis war Wouter van der Beecq von Ambsterd., unser waren 12. Scribenten, die man allhier Assistenten nennet, beyeinander, hatten genug zuschreiben, wir giengen alle Morgen von 7. biß 10, Nachmittag von 2. biß 6. Uhr in die Schreibstuben, ich hatte meine Kost bey meiner hiebevor gemelten langohrigen Wittfrauen, Continuirte solches ein gantzes Jahr, sie fragte mich offt, warumb ich keine Fraw in Colombo heurathe? Ich sagte, wolte sie nemmen, wann sie nur die Haar wolte nimmer mit Oel schmieren, und die lange Ohren abschneiden lassen, worüber sie den Kopf schüttelte, mit vermelden, sie wolte lieber sterben als dises thun. Ein getauffter Jud, Nahmens Moritz, hielte lange Zeit mit eines Singulesen Edelmanns Tochter uncopuliert Hauß, nach deme er kranck darniderlag, und vil gute Pflag und getreue Dienst in seiner Kranckheit von ihro genossen, versprach er sie zu ehlichen, wie er nun wider gesund worden, lage sie ihme Tag und Nacht in den Ohren, daß er solte seinem Verspruch krafft geben, er aber schämete sich vor andern Europianen, mit einer so lang ohrigen von Adel in die Kirch zugehen, beredete sie, das sie beyde geschlitzte Lappen ließ herunder schneiden und so vil müglich widerumb manirlich unden zusammen heften, liessen sich hernachmal an einem Sontag in Colombo Copuliren, er aber wurde bald an Händen und Füssen Lahm, und hatte lauter Unglück bey Ihro. Er der Jud vermeinte, das Unglück käme über ihn, weil er seye ein Christ worden, verfluchte die Stund an deren er sich tauffen lassen. Ein anderer getauffter Jud Ludwig Christiansen von Darmstadt, heurathet eine schwartze sehr reiche Malabarische Jungfer in Colombo, dene ich in die Kirch müssen führen.

VND WERDEN DIE HOCHZEITEN IN COLOMBO FOLGENDER MASSEN GEHALTEN

Die junge Leut machen erstlich durch Præsenten und Bottschafften Kundschafften zueinander, wie in Teutschland, hernachmal wird die Ring-Wechslung angestellet, kommet der Hochzeiter, mit einem oder zwey seiner guten Freund in der Hochzeiterin Hauß, welches mit weissem Leinwat und aller hand wohlriechenden Blumen gezieret, auff ihrer Seiten ist neben Vatter, Mutter und nächsten Freunden, die Hochzeiterin, neben denen die sie aus der H. Tauff gehoben, gegenwärtig, wird gemeiniglich in Portugesischer Sprach angehalten, hinwiderum geantwortet, und ein Tauf-Zettul ihres Alters vorgewisen, darauf geben sie einander einen Ring, und machen sich lustig. Sonntags werden sie 3 mal nacheinander proclamirt, und den folgenden Dienstag copulirt, fornen her singen und springen etliche darzu bestelte Balliators [1]) oder Lufft-Springer, voll mit kleinen Rollen behangen, darnach gehet: Erstlich die Braut von dem Hochzeit Hauß zwischen zwey Frawen under einem Sumbrede Kuipersol [2]) (Schattengeber) welche die Chinesen machen, nach Ihro, der Hochzeiter zwischen seinen zwey Spilgesellen; Wann sie nun aus der Kirchen widerumb

---

[1]) Portug. Bailador: Tänzer.
[2]) Sumbrede ist eine Verstümmelung Schweitzers vom Niederl.-Indischen- „zonbareel"; Kuipersol ist eine niederl.-indische Verstümmelung (Kipersol) vom Portugiesischen „Quitasol"; beide Wörter bedeuten einfach „Sonnenschirm".

zum Hochzeit Haus kommen, werden sie mit Persianisch Rosen-Wasser begossen und Blumen auff sie geworffen, darnach gehet die Mahlzeit an, den Ersten Tag alles auff der Hochzeiterin Elter Kosten, wann sie nun zu Behte seynd, wird mit Trommen Tamelinen [1]), Pauckquen und dergleichen neben grossem Geschrey und springen der Balliatoren, ein unerhörter Tumult, eine Stund lang geführt, deß andern Tags gehen sie miteinander zur Stadt hinaus, in einen lustigen Garten, da sie sich abermal frölich machen, doch alles auff Kosten deß Hochzeiters Spilgesellen, die ihne in die Kirch geführt; und ist hierbey zu wissen, daß ein jeder Europian auf diser Insul in Holländischem Gebiet ein Weibsbild ehlichen darff, sie seye von was vor Nation sie immer wolle, wann sie nur die H. Tauff empfangen, und dessen von dem Pfarrer einen Schein hat.

WIE DISE EUROPIANEN MIT DERGLEICHEN SCHWARTZEN WEIBERN LEBEN UND HAUSEN

Dergleichen Weiber sagen, daß sie vilmehr Affection zu den weissen als zu ihren eigenen Lands-Leuten haben, ich habe aber von vilen nicht allein anderst gehört, die sagten, weilen die Holländer den Zwang und Oberhand haben, seyen sie ja mit den Christen Gemeinschafft zumachen gezwungen, dann wo sie das nicht thäten, wären sie auf der Strassen nicht sicher; sondern auch das contrarium oft gesehen, daß solche schwartze mit weissen Christen-Männern vermählte Weiber, so kohlschwartze Kinder erzeugt und gebohren, das etliche Männer, Nicolaus Seferin ein Schmid auß Hessen, Jost Wittebrunn auß Flandern, Alexander Scholl, aus Brabandt, bey den Geistlichen bey meiner Zeit darüber geklagt: deren Weiber seind sehr vil,

---

[1]) Tamburinen; hier wohl das portug. Wort „Tamboril".

so schwartze Kinder erzeugen, aber ehe die Männer klagen wollen, lieber behalten sie solche, und schweigen darzu: nach gehaltener scharffer Examination und eingenommenen Augenschein, haben sie ihre Schuld bekennet, daß sie nemlich aus natürlicher Liebe gegen ihren Landsleuten bey einem anderen gelegen, darauff die Fraw mit ihrem anderen Mann als Ehbrechere gegeiselt, und samt dem Kind zu Sclaven gemacht worden. Ein Schuhmacher wohnete in der alten Stadt Colombo, Nahmens Jan Gerritsen aus Braband gebürtig, hatte ein Mastitz, das ist ein Frauen-Bild, die von einem schwartzen und weissen Menschen erzeuget worden, ihr Vatter hieß Gerrit Hein, ein Zucker-Bierbrawer und Burger zu Colombo, sonsten aus Westphalen gebürtig, mein guter Bekandter, ihre Mutter war ein schwartze Singulesische Fraw, aber gut Catholisch, beyde eines guten Wandels, und ehrliche Leut, dise beyde junge Ehleut, waren etlich Monat Copuliret, ein allhier wohnender Malabar, von dem verachten Wascher-Geschlecht der Vornemste, kam, wie in Columbo der Gebrauch, alle Woch zweymal in dises Hauß, holte das schwartze Geräht, und bracht solches weiß widerumb fleissig, auff ein Zeit, da der Mann nicht zu Haus war, wollte diser schwartze Wascher, zu dem halbweissen 14-jährigen schönen Weiblein seine Affection spühren lassen, sagte wann sie ihme ein Freundschafft thät, er wolt ihro allezeit vergebens waschen. Sie warff dises nicht weit hinweg, sagte es könne anjetzo nicht seyn, er solte übermorgen kommen, er war diser Antwort froh, und gieng mit seinem halb nackenden Leib und einem plunder [1]) Geräht auff seinem Rucken nacher Hauß, als der Schuhmacher heim kam, entdeckte ihme die Fraw ihres Waschers Wohlmeinen, er erfreuete sich seines Weibes getreuen

---

[1]) Hier wieder das **niederländische** Wort Plunje für Kleidervorrat (vgl. S. 43).

Gemüts, sagte nur still, und nahme deß übermorgenden Tags seinen Nachbar, welcher auch ein Schuhmacher war, zu sich, unterrichtete seine Fraw, daß sie nemlich den schwartzen freundlich empfangen, und wann es zeit mit Husten, ein Zeichen geben soll, dise beyde Schuhmacher, hatte jeder ein gutes Klopffholtz bey sich, schlupfften under die mit einem schönen Umbhang gezierte Bethladen, der Wascher kam, die Fraw thate wie ihr der Mann befohlen, diß wurde dem Malabaren ein herbe Laug zu seiner Wäsch, sie schlugen ihne so erbärmlich, daß er wie todt in der Stuben lag, und schleifften ihm zum Haus hinaus, und liessen ihn auff der Straß ligen, bald hernach starb dise Fraw, ich hielte darvor, daß ihro, wegen diser gegen ihrem Mann gethanen getreuen Stückes, vergeben worden. Sie die Frawen arbeiten wenig, essen den gantzen Tag Laub und Kalck, und trincken Taback, halten sich sonsten gar säuberlich waschen den gantzen Leib alle Tag. Sie lassen den Mann sorgen, der muß Gelt schaffen, einen Sclaven halten der zu Marckt gehet, und einen der kocht.

WEILEN ICH NOCH IN COLOMBO BIN, MUSZ ICH DISER STADT, WIE SIE ANJETZO BESCHAFFEN, ZUGEFALLEN, FOLGENDES SCHREIBEN [1)]

Die Portugesen haben solche Stadt, wie schon hiebevor gehört, erbawet, als aber die Holländisch Ostindische Compagnie dieselbe vor 28. Jahren [2)] erobert, haben sie gleich anfangen zubrechen und graben, auff ihre Art zubauen, darmit biß dato noch continuirt, wie sie dann bereits in ein Casteel und daran eine Stadt formirt. Das Casteel ligt gegen Westen am Meer,

---

[1)] Vgl. den Grundriss Colombo's in Herports Ost Indianischer Reißbeschreibung (Band V dieser Sammlung) S. 130.

[2)] Im Jahre 1656.

gegen Nord-Ost, an der Stadt, und von Osten biß zu Suden, an einem süssen Wassergraben, ist bevestiget mit grossen Pasteyen von rothen weichen Steinen gemacht, auf deren jeder 20. biß 30. Canonen stehen können, hatt starcke Contre-Scharpen, auff der Seiten deß Meers vil Klippen, dar niemand mit Schiffen anlanden kan, auff der Seiten deß Landes, gehet rund umbher ein breites Wasser, in welchem vil Crocodil sich auffhalten, und täglich gesehen werden, es hat 3. Außgäng, einen gegen Sud-Westen, heisset die Port de Gala, ist ein schmaler Fahrweg zwischen dem süssen Refier- und gesaltzenen Meer-Wasser, einen Mußqueten Schuß darvon, gegen Calture, ist das Land mit schönen fruchtbaren Gärten, 2. Stund weit gezieret und bewohnet. Der ander Außgang heisset die Port Delft, weil die darüber gebaute Pünt also genennet wird, gehet in die Stadt, auff der lincken Seiten ist das Meer, und auff der Rechten ein grosses Stück tieff außgegraben Land, das Püffels-Feld genennet, kan voll Wasser gelassen werden. Der dritte Außgang heisset die Wasser-Port, recht gegen Nord-Westen, auff der lincken Seiten ist ein Wasser-Paß mit vilen Metallen Stücken, die das einlauffen der Schiffen wöhren und die Ree verwahren kennen, wohl versehen. Das Casteel ist innwendig gezieret auff den Wällen und in den Strassen mit vilen Bäumen, allerdings den Nußbäumen gleich, tragen keine Früchten, aber das gantze Jahr hangen sie voll unriechende gelbe, rothe und weisse Blumen, den Tulpanen sehr ähnlich. Deß Casteels grösse ist ungefähr 40. Morgen-Felds, darinn wohnet der Gouverneur, und alle andere Kauffleut, Officier und Soldaten, zwischen der Mauren und dem Meer, logiren in gemachten stroh- und laub Hütlen, bey 4000. allerley Compagnies Sclaven die arbeiten müssen, darüber seynd Holländer gesetzt die werden Mucadons[1] genen-

---

[1] Von Portug. Mocetaõ: schwerer, starker Kerl?

net, und commandirt ein jeder 80. 90. biß 100. derselben, und muß rechenschafft geben. In disem Casteel ligt auch ein wohl versehenes Zeug-Haus, zwey Pulver-Keller und etliche Pack-Häuser, darauff die Kauffmanns Wahren liggen, die Kirch, hinden daran ein schöner Pferdstall, wohl versehen mit Persianischen Pferdten; unden am Wasser-Paß hat es eine Seeg- und oben bey der Port de Gala ein Pulver-Mühl, welche beyde durch den Wind getriben werden.

Die Stadt Colombo ist wegen schöner Bäume und Gärten vil lustiger als das Casteel, ist ebener Gestalten mit 5. Pasteyen, Nahmens Victoria, Constantia, Concordia, Harlem und Enckhausen, wohl bevestiget. Ligt gegen Norden an der Ree, dar die Schiff ligen, auff der anderen Seiten an dem Crocodilreichen Wasser, sie hat drey Außgäng, einen wie schon oben gemelt die Port Delft, den anderen unweit darvon gegen dem Meer auff den Fischmarckt, den dritten bey der Port Victoria oder Negombo, welcher am meisten gebraucht wird. In der Stadt wohnen Officier und Soldaten, Burger und Handwercks-Leut, schwartze, gelbe und weisse durcheinander, der Ursach alle Nacht von den Holländern fleissig Patrolirt werden muß. Ob es schon offt lange Zeit aneinander regnet, ist die Stadt doch nicht unsauber. Innwendig der Stadt ist auch ein wohlgebauter Hospithal, darein die krancke Holländer gelegt, von darzu bestelten Barbierern und Sclaven mit Medicamenten und Pflagen ordentlich bedienet werden. Der darüber bestellte Ober-Inspector war Dr. Hermannus, jetzo Professor Medic. zu Leyden [1]). Er brachte kein gutes Lob von den Soldaten und Bohts-

---

[1]) Paul Hermann (Halle 1646—† Leiden 1695) med. et bot. Professor in Leiden 1682—1695. Von seiner Hand besitzen wir u. a.: Catalogus Horti Academici Lugduno Batavi, 1687; Paradisus Batavus, 1698; Musaeum Zeylanicum (1717); die beide letztern herausgegeben von William Sherard.

SCHWEITZER'S REISE NACH JAVA UND CEYLON 129

gesellen, die under seinen Handen gewesen, mit hinweg. Er war ein rechter Tyrann über seine Sclaven, mit schlagen, und geißlen, wie er dann eines Todschlags an seiner Sclavin, die er in den Hoff hinder sein Haus begraben lassen, beschuldiget, der Ursach etlich Tag in sein Haus in apprehensie genommen, hernachmals wider loß gelassen worden. Unweit dem Spital ist ein Waisen-Haus, darinn vil Holländische Kinder aufferzogen werden, die Buben lernen Holländisch lesen und schreiben, und wann sie tüchtig zu Trommenschlager oder Soldaten gemacht, die Mägdlen lernen auch lesen, schreiben, würcken und nehen, so lang biß ein Freyer kompt und sie zur Ehe nimmet, das geschihet offt in 12. 13. oder 14. Jahr ihres Alters, ob sie ehlich oder unehlich, wird nicht vil darnach gefragt; der Holländische Kirchhoff ist mitten in der Stadt mit einer Maur umringet, darinnen ein Malabarische Schul gebauet, ausserhalb dem Kirchhoff, wird die gantze Woch von Mohren und Persianern allerhand Seiden und Leinwat, und von den Malabaren, Maldivischen und Singulesen Innwohnern allerhand Fruchten, gedörrte Fisch, Zwibel, Zucker und Reis verkaufft.

In disem Jahr geschahen drey Unglück allhier, das Erste war daß als ein Schiff aus Holland, über Batavia allhero, eine halbe Stund weit von der Stadt auff die Ree vor Ancker kam, Holländisch Pulver vor die Stadt Colombo mit brachte, drey Bothen mit 80. Tonnen-Faß darvon geladen, nahe bey Lande waren, daß sie eben solten außgetragen werden, stunde eines Bohtsmannes Jung, mit einer Pfeiff Taback in dem Mund, der Bohtsmann diß ersehend, gab dem Jungen eine Ohrfeig, daß er die Pfeiff in die eine Boht, da ein wenig Pulver gestreuet lag, fallen ließ, darvon gleich die eine Boht in die Lufft flog, und die andere zwo auch anzündete, dardurch nicht allein die darauff geweste Holländer, biß auff einen, sondern auch die unweit darvon an dem Land gestandene schwartze und weisse Menschen, über 100. in die Lufft geschlagen worden, so bald es in der einen Boht anfieng zu krachen, sprung ein Bohtsgesell auff der andern Boht Namens Jan Frick von Gauda in Holland gebürtig, welcher jetzo Burger in Colombo ist, und sich mit Taback-Pfeiffen machen wohl fortbringet, in das Wasser, und blibe so lang under, biß die Gefahr vorbey war, der erzehlte wie das Unglück geschehen.

Das ander und dritte Unglück geschah mit 2. Schiffen, welche mit hartem Wind auff die Ree lieffen, deren Ancker nicht heben wolten, und bey dem Fischmarckt an den Strand geschlagen worden, die darauff geweste Menschen salvirten alle ihr Leben.

Den 9. Decemb. kamen zwey grosse Schiff allhier aus Persien an, Namens Africa und Cortgene, ich vermeinte, weil ich 7. Monat über meine bedingte 5. Jahr in dem Indianischen Land gedient, auff eines zu kommen, der Gouverneur wolte mich aber noch nicht erlassen, sie segelten

Den 10. von Colombo fort nacher der Stadt Pünt de Gala, da sie erst müßten von Pfeffer und Zimmet geladen werden, ich beklagte das gar sehr, gieng zu dem Ober-Kauffmann von Vorsten, der sagte mir, ich solte nur gedult haben, es werde noch ein Fleut-Schiff aus Pangala kommen, das müsse auch nach Patria gehen, und noch mehr Leuth haben, gleich

Den 11. kamen Brieff von Pünt de Gala über Land, brachten Zeitung, daß die Fleut zwar mit Salpeter wohl geladen, aus Pangala-aber gantz Mastloß, ankommen seye.

Den 12. wurden von Colombo Zimmerleut und 3. Mastbäum mit Brieffen auff einem Hucker, über See geschickt, und besagtes Fleut-Schiff Wester Ambstel, gleich die andere 2. Schiff, nach Patria zugehen, segelfertig zumachen.

Den 13. ließ der Gouverneur mir sagen, daß ich als Buchhalter, auff dise Fleut zu gehen, mich solte fertig halten, also auch denen überigen 12. Soldaten, deren Zeit aus war, daß sie ihr Gewehr solten übergeben, wir versahen uns, mit allerhand Victualien, eingemachten Citronen, dürren Fischen, weissem Zeug und anderm so gut wir mochten.

Den 14. reissete ich 2. Stund von hier in die Alde [1]) Batalamula, ein Dorff also genant, ligt unfern dem alten Königs-Schloß Cota, nahme von einem Königischen Feldherrn Dissave, Tennekohl [2]) welcher von dem König von Candi ab- und zu uns vor etlich Jahren übergeloffen, Abschied. Er tractirte mich über einem Mittag-Essen wohl, und liesse mich gegen Abend mit 4. Singulesen, in einem Palakin, wider nacher Colombo tragen, und verehrte mir 200. in Zucker eingelegte Citronen.

Den 15. hatte mich mein gewester Capitain Jacob Witzenburg, über einem Nachtessen in seinem Garten zu Gast.

Den 16. liesse mich der reiche Portuges zu Matual, eine Stund von hier auff einem Elephanten in sein Haus holen, tractirte mich mit Speisen und allerhand Harpfen und anderen Spielen sehr wol. Diser Portuges, Namens Don de Bairo, bestraffte mich, warumb ich eine so schwere Raise wolte vornemmen, indem ich ja gute Tag in Colombo haben könne, muste bey ihme übernacht bleiben, und

Den 17. auff dem Elephanten wider heim reiten.

Den 18. valedicirten wir Assistenten miteinander in dem Compagnies Garten vor der Port Negombo.

Den 19. lude meine Kost-Fraw ihre Freunde und Bekante in der Stadt zu Gast, beklagte sich, wegen meiner vorhabenden Abraiß gegen ihnen.

---

[1]) Aldea, S. 52.   [2]) S. S. 81, 85.

Den 20. ließ der jetzige Gouverneur Lorentz Pfeil [1]) sagen, wir solten gegen Abend uns zu Schiffe setzen, nahmen derowegen bey Bekanten abschied. Meine Kost-Frau war sehr betrübt sie gab mir eine und andere Speisen und Früchten mit, die ich alle im See geworffen, aus Forcht daß sie einige Zauberey darein möchte gethan haben, oder durch Malabarische Weiber (die solches umb geringes Geld, gerne thun) machen lassen. Giengen Abends umb 4. Uhr mit unsern Truchen und Plunderage [2]) durch die Stadt und Casteel auß daff Wasser-Paß, uns folgten vil Leut, schwartze und weisse durcheinander, kamen gegen Abend auff einen Hucker, das ist ein kleines Schiff, darauff 4. Stücken Canon und 12. Bohtsgesellen sampt einem Schiffer und Steurmann seynd. Unser Schiffer, Cornelius Erasmus aus Jüttland gebürtig, ein durstiger Bruder, hatte eine Fraw zu Colombo, Namens Cornelia, war Catholisch, ich underrichtete sie in dem Lutherischen Glauben, deme sie (weil ihr Mann auch ein Lutheraner war) glauben zustellete, sie hatte eine noch ledige Schwester, Namens Margretha de Vries, ihr Vatter hieß Antonius de Vries, und die Mutter Lassagea, eine Babylonische Fraw beyde gestorben, welche ihre Schwester, ein weißlecht schönes Bild mit schwartzen Augen, war, wegen ihrer Schönheit in der gantzen Stadt Colombo die Berümbteste 17. jährigen Alters, bey Ihro wohnete, gieng bekleidet auff die Art, wie hiebevor bey der langohrigen Wittfraw beschrieben ist.

Den 21. müsten wir liegen bleiben und auff die Brieff warten, ich gienge mit dem Schiffer in eines Fischers Fahrzeug widerumb nach Colombo in sein Haus, hielten allda ein Panquet mit Laub und Kalck biß auff den Abend, bey unserer Abraiß beweinten uns beyde Schwestern, und begleiteten uns biß an das

---

[1]) Laurens Pijl.   [2]) Habseligkeiten, s. S. 43.

Wasser, wir setzten uns in das Fischers Fahrzeug, und ruderten miteinander nach dem Schiff.

Den 22. lichteten wir unser Ancker, es gieng wegen geringen Windes, schlecht fort, deß Nachts aber desto stärcker, kamen ungefähr Nachts umb 12. Uhr, eine Stund von der Stadt Pünte de Gala, auff eine (weil sie mit Wasser bedecket) unsichtbare grosse Klip, der Wallfisch genant, dadurch das Schiff unden an der Kehl [1]) ein grosses Loch bekommen daß es gleich anfangen zusincken, der Schiffer und sein Steurmann waren in ihrer Hütten miteinander lustig in Spanischen Wein, kamen auff den Stoß halb truncken heraus, schryen, man solte das Schiff wenden, wir aber die schwimmen konten, zogen unsere Röcklen und Hembder aus, ich behielte nichts, als leine unter Hosen an, und sprungen bey zeiten ins Wasser, sahen durch den Schaum, welchen die an Land schlagende Wellen, die wir Bramung heissen, machen, worzugegen das Land, nemlich unweit auff der lincken Seiten war, schwomen allgemach darnach zu, hatten den Strom mit uns, kamen in einer halben Stund, unser 15. miteinander an Land, die andere versoffen, der Schiffer, Steurmann samt 10. Soldaten und Botsgesellen. Wir giengen in einen unweit dem Ufer gelegenen Garten, worinnen ein Singulesen Edelmann wohnete, der durch seine Leut uns ein grosses Feur ließ anzünden, auch Essen und Trincken gab, mit Verwunderung, daß wir das Leben darvon gebracht, brachen

Den 23. Morgens früe auff, und kamen umb 7. Uhr vor die Stadt Pünt de Gala, der an der Wasser-Port gelegene Sergant, Corporal und Soldaten, erbarmten sich unser, verehreten ein jeder etwas, der Eine ein Hembd, der Ander Hosen, der Dritte ein alten Hut, und dergleichen. Ich traffe einen Landsmann in diser Porten an, welcher Corporal war, Namens Gottfrid Werls

---
[1]) Zu lesen: Kiel.

von Schorndorff, eines Præceptoris Sohn, bey deme ich zu Mittag speiste, wir wurden zu dem Commandeur in der Stadt gebracht, der uns einen nach dem anderen examinirte, wie das Unglück zugangen, die Schuld fiel auff den Schiffer, weil er aber versoffen, konte er weiter nicht gestrafft werden. Der Commandeur ließ uns einem jeden 12. Rthlr. aus Comp. Caß, auff Abschlag unserer Rechnung geben, damit wir uns widerum mit Kleider und anderem in etwas versehen konten. Sechs von diesen mit mir von Colombo gekommenen Soldaten, traueten dem Wasser nicht mehr, verbunden sich allhier widerumb auff ein Neues 3. Jahr zu dienen, denen wurde jedem deß Monats zwey Gulden mehr Gage, als sie zuvor gehabt, gegeben, welcher 10. verdient, bekam jetzo 12. Gulden. So balden wir allhier ankommen, wurden gleich ein Sergant mit 12. Soldaten commandirt an dem Strand, wo das Schiff geblieben, gute Wacht zu haben, und wann etwas an Land geworffen werd, wohl zu verwahren, ich gienge Nachmittag auch hinaus, sahe nichts als Holtz von dem Schiff, und Stücker von unsern Truchen an Land ligen, ich hielte darvor, daß die Singulesen die Nacht schon visitirt hatten, was die übergelassen, unsere Wacht habende Soldaten selber in das Sand begraben, etlich todte Menschen kamen

Den 24. auch erst angetriben, die übrige müssen die Fisch Hey, deren es vil hier gibt, gefressen haben.

Den 25. ließ ich mich durch 2. Malabarische Fischer, nach meiner Fleut Wester-Amstel führen, übergab dem Schiff-Herrn meine, von dem Commandeur gehabte Ordinantz, die lautete also. Schiffer von der Fleut Wester-Amstel Jan Gerritsen, übernemme den Buchhalter Christoph Schweitzer von Stuttgart mit seiner Plunderage, umb mit nacher Patria zugehen. Es gefiele mir anfangs nicht wohl darauf, erstlich weil es klein, zu dem anderen alt, zu dem dritten, wie ich hörete, sehr langsamb mit Seglen, die Zimmerleut und Botsgesellen arbeiteten darauff, ich schiffte gegen Abend wider nacher Land, verharrete in der Stadt Pünt de Gala, welche besser als Colombo bevestiget, biß die Schiff verfertiget waren, kauffte andere Lebens-Mittel und was ich auff die Rayß bedarfft, biß

Den 5. Januarii 1682. da ich zu Schiff gieng, und die Ladung, Jan. 1682 welche von Pfeffer, Zimmet, Chines- und Pangalisch Leinwat und Seiden-Wahr, auffschrib, wehrete biß

Den 13. an welchem Tag durch den Fiscal gemustert wurde, und

Den 14. giengen wir in Gottes Namen under Segel mit einem lieblichen Sud-Osten Wind, das Schiff Cortgene war Admiral, wir löseten all unsere Stück, von Gala rund umb die Stadt wurde auch also gethan, hielten

Den 15. einen Bett- und Fast-Tag, dergleichen in allen Stätten auff der Insul Ceylon geschah.

Den 16. hielt der Admiral eine Zusamenkunfft, und beredete sich mit seinen anderen Schiffherrn, welcher Gestalten man sich in ein und anderer occasion zuverhalten, und was ein jedes Zeichen, deß Nachts durch Laternen, und deß Tages mit Flacken, bedeuten soll. Das Feld-Geschrey war, was vor ein Schiff? Antwort Cortgene, Africa oder Wester-Ambstel. Woher? Antwort von Gala. Wohin? Antwort nach der Caap die gute Hoffnung. Die bey uns seyende 2. grosse Schiff, giengen lustig fort, wir aber bliben weit zuruck, gegen Abend nahmen sie etliche Segel ein, und warteten unser. Und waren auf unserem Fleut-Schiff, erstlich der Schiffherr, 3. Steurleut, der Buchhalter, 3. Barbierer, deren einer zugleich das Gebett verrichtete, 1. Botsmann. 1. Schidmann [1]), 1. Dispensier, 1. Constabel, 2. Köch, 2

---

[1]) S. S. 5.

Quartirmeister, 1. Kieffer, 1. Segelmacher, 1. Sergant der zugleich ein Feurwercker, 12. Soldaten. 24. Botsgesellen und deß Schiffers Jung so ein Pangaler, zusammen 56. Köpf, die andere Schiff hatte jedes 150. Menschen auf. Weiter war an lebendigem Vih auf unserem Schiff, 6. Affen, 12. Papageyen, 2. Ambonesische Cacadu [1]), (seynd weisse Vögel, so groß als ein Taub, haben eine schöne Hauben auff dem Kopff, geschickter reden zu lernen als die Papageyen) ein Crocodil, einer Elen lang, ein Pangalisches Hirschlen und junges Elend, mit schönen weissen Flecken, dise Thier seind inner zwey Monat alle gestorben, ausser 2. Affen, Namens Cornelius und Margretha, 40. Pangalische Schwein, 50. Hüner und 36. Enten zu unserer Erfrischung: wir hatten weiter Profiant. 60. zwey Aymerige Faß mit Wasser, 6. Fässer gesaltzen Speck, 6. Fässer Fleisch, 6. Fässer Indianischen Brandtenwein und Reis genug. Unser Schiff war geladen, unden mit Salpeter, etlichen alten untüchtigen eisernen Canonen und Kugeln an statt Palast, auf disem Zimmet und Pfeffer durcheinander 200. Last, darauf 250. grosse Ballen Seiden und Leinwat, wir hielten also beyeinander, hatten nicht sonderlichen Sturm oder böß Wetter, biß

Apr. 1682 Den 28. Aprill. da uns bey Africa, unweit dem hohen Gebürg under einem grossen Nebel der Wind Sud-Ost, gantz contrar wehete, dadurch wir wider inner einem Tag und 2. Nächten, 50. Meil von dem Land geworffen worden, jedoch bald wider sich veränderte, recht aus Suden kam, dardurch wir

Den 30. den grossen Taffel-, Löwen- und Teuffels-Berg sahen, und

Mai 1682 Den 1. May unsere Vöstung Cap. die gute Hoffnung, mit Freuden erlangten. Alldar lagen schon das von Battavia ge-

---

[1]) Weisser Papagei mir orangefarbener Kappe (Mal. Kakah tuah = altes Weib).

kommene hinden an seinem Spiegel mit Gold und Silber schön gezierte Admiral Schiff Land-Schau [1]) genant, auff welchem der Holländisch geweste General über Ost-Indien Namens Reitgloff von Gons der Alte [2]), angekommen war. Hatte bey sich, noch 4. grosse Schiff und ein Hucker Posthorn genant, welche alle fünff Schiff schon 7. Wochen auf uns gewartet. Sie sagten daß sie bey der Höhe Sanct Moritius, ein grossen Sturm außgestanden, in welchem das Schiff Mittelburg, alle 3. Mastbäum, Steng, Rehe, ja alle Rundhöltzer verlohren, anjetzo aber schon widerumb versehen war. Wir bliben noch 7. Tag still ligen, versahen uns mit frischem Wasser, Holtz, Rüben, Kraut, Schaafen und Böcken. Ich hatte mein logament an Land bey einem Holländischen Bauren, welcher unden an dem Teuffelsberg wohnete, der seine Aecker, Weinberg, die eben vor unserer Ankunfft abgelesen worden, Kraut- und Rüben-Länder, alles umb sein Hauß beysamen, durch etliche Bekante Hottentoten und grosse Hund, deß Nachts wegen der Unthier verwahren ließ. Der General Reitgloff sampt seiner Fraw, Hoffmeistern, Trompeter und 12. Helpartir, alle mit gelben daffeten Wammeßern mit silbern Knöpfen und Schnieren, und weiten rothen Hosen bekleidet, etliche Pangalische Sclaven und Sclavinnen, hatte sein logament in der Vöstung bey dem Commandeur.

Den 2. kam ein Schiff auf allhießge Ree, zu uns, ließ weisse Flacken und Wimpel wehen, gaben sich vor Frantzösische Kauffleut auß, es kam aber ein Botsgesell der ihrigen Nächlicher Weil, bey dem Monschein, geschwummen auff unser Admiral Schiff, der entdeckte, wie daß dises Frantzösische Schiff ein See Räuber seye, under dem Arabischen Gebürg, bey

---

[1]) Lant van Schouwen war der Name.
[2]) Der Generalgouverneur Rycklof van Goens war der Ältere genannt im Gegensatz zu seinem Sohne, der als Gouverneur von Ceylon an seine Stelle trat.

Mußquet [1]) und anderer Orthen, vil Beuten gemacht, ihne aber, haben sie in Persien schon vor 3. Jahren mit Gewalt weggenommen, und die Zeit hero Sclavenmässig tractirt, welches ihne verursacht, bey dißmahliger Gelegenheit, von disen Mördern, zu Christlichen Leuten zu gehen, bittende, ob man ihne wolte mit nacher Holland nehmen. Deß Morgens früh so bald dise ihren Botsgesellen mangleten, giengen sie under Segel, und machten sich davon, es wurden zwar zwey von unsern besten Schiffen beordert, ihme nachzugehen konten ihn aber nimmer erjagen.

Den 8. gieng der Admiral zu Schiff, mit sampt seinen Leuten, ließ seine Fraw zuruck, was die Ursach davon wurde ungleich geredet.

Den 9. Morgens früh lichteten wir unsere Ancker und giengen under Segel mit gutem Sud-Ost Wind, vorbey die Seehund oder Banditen Insul [2]) und hielten

Den 10. ein allgemeinen Bettag, zugleich

Den 11. eine allgemeine Versammlung, und underredeten, wie sich ein jedes Schiff, im Fall der Noth verhalten, und was ein jedes Zeichen, mit schiessen, Feur auffstecken und Flackenwehen, bedeuten solle.

Den 12. biß den 16. variable und schlechte Wind. Es hielten sich etliche Nord-Capers so grosse Fisch seind, allerding den Wallfischen gleich, dise Zeit bey unsern Schiffen auff, unser Cours war Westen zu Suden.

Den 17. bekamen wir den rechten Passad, der wehete immer, zwischen Osten und Suden her, richteten unsern Lauff, gegen der Insul Sanct Helena mit fleiß, villeicht alldar etwas Neues

---

[1]) Maskat.
[2]) Robben-Eiland, wo Verurteilte an die Arbeit gesetzt wurden.

(wie es in Europa stehe) zuerkundigen, ersahen dieselbe

Den 20. Junii Vormittag umb 9. Uhr, segelten auff die Seit, Juni 1682 wo das Engelische Fort und 3. Valleyen ligen, unser Jacht Posthorn, gieng nahe zu dem Fort, gab zuerkennen, daß wir Holländische Schiff und nichts Feindliches tentiren, sondern nur den jetzmahligen Stand, unsers lieben Vatterlandes, vernemmen wolten. Dem wurde geantwortet, es seye Frid zur See allenthalben, mit Freude wurden alle Canon gelöset, und von dem Engelischen Fort, rund umbher geantwort, wir setzten unsern Lauff fort, liessen St. Helena auff der lincken Seiten ligen, richteten unsern Cours, gegen Westen zu Norden mit noch all wehrendem Passad, kamen

Den 22. Julii under die Æquinoctial Linien, passirten diesel- Jul. 1682 be glücklich, ausser daß zwey Soldaten der unserigen, darunder gestorben, ersahen

Den 23. Julii deß Nachts das Erstemal den Nord-Stern mit Freuden widerum, hiebevor hatten wir das Suder-Creutz im Gesicht, welches seynd 4. sehr klare Stern $\begin{smallmatrix}&*&\\ *& &*\\ &*&\end{smallmatrix}$ in solcher Ordnung stehend, der Wind war Suden und der Cours Norden zu Westen, begegnete uns

Den 24. Morgens früh ein Spanisches Schiff, hatte vil Frawenbilder auf, die zu vermehrung deß Lands nacher West-Indien geführt wurden, sie förchten sich Anfangs, und wolten durchgehen, unser Admiral Schiff aber, holte es bald wider zuruck.

Den 25. begegnete uns abermal ein Engelisches Schifflen, nur mit einem Mastbaum, kam aus Brasilien, war geladen mit Taback, thäte grossen Profit bey uns darmit, bekam vil Gewürtz, Seiden und Leinwat vor wenig Taback, dessen die unserige noch darzu froh waren, ich gabe vor ein halb Pfund Taback, ungefähr 2. Simmerin¹) Pfeffer und etlich Pf. Zimmet, diser Engelsmann blibe

Den 26. 27. und 28. bey uns, und gienge

Den 29. uns vorbey, und kam durch sein schnelles Seglen, dergleichen ich niemalen gesehen, uns bald aus dem Gesicht.

Den 30. Julii flogen vil fliegende Fisch in unser Schiff die wir theils assen, und etliche vor ein rarität aufftruckneten.

Den 31. lieffen unzahlbare Meerschwein durch unsere Flot, sehr schnell, als gegen dem Wind, liessen sich oft in der Lufft sehen, unser Constabel Jan, schosse ein von diesem Schwarm mit dem Elliger ²) ein solches instrument.

Nro. 1. ist ein Armdicker 2. Clafter langer Stock.

Nro. 2. ist ein groß stück Bley daurmb gewicklet.

Nro. 3. ist von Eisen, darmit der Fisch getroffen wird.

Nro. 4. ist ein Seil, welches, wann der Elliger aus der Hand geworffen ist, der Schütz in der Hand behält.

So bald der Elliger ins Wasser kommet und der Fisch getroffen ist, wird durch das Bley, welches oben um den Stihl ist, dem Fisch der Bauch in die Höhe gekehret, und seine Krafft benommen, wann er nicht über ein Centner wigt. So bald dises Meerschwein Blut gelassen, giengen die andre alle durch und von den Schiffen hinweg, deß gefangenen grösse war 7. Schuh lang und halb so dick, lauter Speck und vil warmes Blut.

Aug. 1682. Den 1. Augusti ,legten wir recht gegen Norden an, hatten einen starcken Sud-Westen Wind, der uns zimlich in die Kälte jagte, die Tag wurden uns auch zimlich lang, dahero wir mehr bey Tag als deß Nachts, die Ruh nemmen musten.

Den 2. 3. 4. 5. 6. und 7. grossen Regen, mit welchem Wasser

---

¹) Verkleinerungswort von Simmer.
²) Ndl. Elger, s. die Abbildung 6. Das Instrument ist aber sehr übel gezeichnet. In Wirklichkeit sieht es ganz wie Neptuns Dreizack oder Fünfzack aus.

wir unsere Faß wider fülleten, mitler Weil auch harten Wind, daß wir voneinander kamen, unser Fleut-Schiff wolte mitten entzwey brechen, etliche Krumhöltzer waren ein halben Schuh schon gewichen, deme die Zimmerleut mit grossen Seylern, Ketten und starcken Banden vor kamen [1]), also, daß wir mit blossem continuirlichen Pomppen, das Schiff ob dem Wasser halten konten.

Den 8. musten wir all unsere Segel einnemmen, Ree und Steng darnider lassen, und ein Beylager halten, schlugen uns zwo Wellen in das Schiff, darvon das Schiff sich schon zimlich in die Tieffe begeben, jedoch durch Gottes Augenscheinliche Hülff, und fleissiges arbeiten, wider errettet worden. Wir waren gantz allein, sahen weder Freund noch Feind, unser Koch konte etliche Tag hero, wegen schröcklichen hin und wider auff und nider fallen deß Schiffs nicht kochen, wir musten uns mit eingesaltzenem Pangalischen Speck und Indianischen Brandtenwein, dessen genug vorhanden war, behelffen.

Den 9. höreten wir Morgens früh, vil schwehre Canon lösen, unwissend was es bedeuten möchte, Nachmittag umb 2. Uhr ersahen wir auff der rechten Seiten, gegen Osten, ein grosses Schiff, so unser Vice-Admiral war, mit etlichen Wimpeln von dem vocken Mastbaum, an welchem wir erkenneten, daß es sincken wolte, es naherte uns, und wir ihme, also daß wir einander zuschreyen konten, sie begehrten wir solten unsere Bot und Schuit ihnen zu Hülff schicken, die ihrigen hatten sie schon in dem Wasser, traueten aber mit den so kleinen Schiffeln über die sehr grosse Wellen zu uns zukommen nicht, sie liessen nicht nach mit continuirlichen schreyen, wincken und

---

[1]) Es giebt mehrere Beispiele einer derartigen Beschäftigung. Das grosse „Seyl" Schweitzers hiess auf Niederländisch „Drechtkabel". — Vgl. Acta Apostolorum, XXVII. 17.

Canoniren; wir aber hielten Schiffs-Raht, und funden gut, daß wir in etwas fern von disem Schiff bleiben, dann wo sie ihr Schiff verlassen, und gesambter Hand in 150. starck zu uns überkämen, wir mit ihnen musten aus Hunger oder Durst sterben und verderben, jedoch, wann das Schiff werde sincken, wolten wir so vil müglich auffheben und zu uns nemmen, under dessen solle unser Schiffer, ein wohlverständiger Seemann, mit seiner Schuit hinfahren, umb den Augenschein einzunnemmen, und so vil müglich Raht mitzutheilen, welche arme bedrangte Leut, auff seine selthin Kunfft, musten alle köstliche Ladung von Zimmet, Negelen, Muscatnuß, Pfeffer und dergleichen bey 400. Last in See werffen, biß sie endlichen zu dem Loch, da das Wasser ins Schiff geloffen, kommen, und solches vermachen können, ihre Pomppen konten sie, weil sie immer voll Pfeffer wurden nicht gebrauchen, welches uns bißweilen auch vil Müh gemacht, auf solche Weiß wurde denen Leuten ihr Leben salvirt.

Den 10. und 11. legte sich diser harte Wind, es war aber je länger je kälter, und fieng an dicker Nebel zukommen, unsere Floth kam dato wider zusammen, ausser das Posthorn blib absent.

Den 12. 13. und 14 sahen wir, wegen grossen Nebels, einander gar nicht mehr, und muste mit schiessen, ein Schiff dem anderen die Losung geben, damit sie beyeinander bleiben können.

Den 15. begegnete uns ein Engelischer Fischer, der in Eißland Laberdan [1]) gefangen hat, von deme wir Fisch eintauscheten gegen Pfeffer.

Den 16. kamen wir zu zwey Holländischen Fleut-Schiffen, die auf der Heim-Raiß von dem Wallfisch-Fang, aus Grön-Land begriffen war, die uns Käß, Biscuit und Taback, vor Gemütz

---

[1]) Ndl. Labberdaan: gesalzener Fisch, Kabeliau (vom Dorfe Le Labourd bei Bayonne).

gaben. Sie hatten, das Eine 10. das Andere aber 11. Walflisch gefangen, also eine gute Fahrt gethan. Diese Grönlandfahrer seind gesunde und starcke Leut, wir sahen als tode Leut gegen ihnen, weil wir meistens, mit der innerlichen Wassersucht behafft waren, heut hatten wir die Höhe von 61. Grad 7 Min. veränderten unsern Cours gegen Nord Nord-Ost.

Den 17. kamen uns etliche Holländische Kriegs-Schiff entgegen, neben einem andern Schiff, welches unserer Ost-Indischen Floth Victualien bracht, die uns samentlich convoirten.

Den 18. Morgens früh sahen wir Hittland, und hielten uns, aus Befelch der Herren Staden von Holland, so vil müglich an dem Engelischen Wall, damit wir nicht etwa durch ein Ungestimm die Norrwegische Häffen gebrauchen musten, zumalen der König in Dennenmarck und diser Staad einander nicht traueten, segelten so fort, meiste Zeit Nord-Ost, und Ost Nord-Ost, biß wir

Den 1. Septemb. nach dem uns 2. von unsern Gefärdten die Sept. 1682 nach Seland giengen, die Holländische Küst ins Gesicht kriegten, worauff uns gleich auf ein jedes Schiff ein Holländischer Botsmann [1]) entgegen kam, und in das Vlie, durch die Tonnen glücklichen einbracht, da warteten schon zwey Holländische Gewalthabers von der Ost-Indischen Compagnie, in einem vergüldeten Jachtschiff auf, die uns samentlich bewillkomten, und vor die gethane getreue Dienst bedanckten. In einem Lichter oder Lasttrager, kamen von Ambsterdam andere darzu bestelte Leut, die die Schiff musten außladen; unsere Küsten und Plunderage, must auf den Schiffen bleiben, und wir giengen ein jedes Schiffs-Volck, in einem absonderlichen Jacht-Schiff nacher Ambsterdam, und kamen

Den 2. Sept. daselbst glücklichen an, wurden in der Stadt

---
[1]) Zu lesen: Lotsmann.

von Menschen umringet und mit verwunderung von vilen bewillkommet.

WAR UNSERE

Gantze Reyß, von Seilon biß Ambsterd. dreytausend einhundert Meil, die wir inner 232. Tagen, vom 14. Jan. biß den 2. Sept. inclus. anno 1682. mit Gottes Gnad und Beystand verrichtet.

Disen Tags den 2. Sept. wurden auch unsere Küsten und Schlaff-Gut, in das Ostindische Haus gebracht, daselbsten in præsentia eines jeden, von committirten visitirt, und wann nichts verbottenes, oder über zwey Monat Sold wehrt, von Kauffmans-Gütern darinn gefunden, gleichbalden abgefolgt, da aber über das Verbott gehandelt, wurde derselbe apprehendirt und dem Belliau Ober-Schultzen übergeben, und nach befinden an Geld, auch wohl mit dem Zucht-Haus gestrafft.

Den 3. übergabe ich in dem Ostindischen Haus meine Rechnung an den General Buchhalter und wurde darauf nach deme sie probiret war,

Den 17. von einem Ostindischen Gewalthaber, wegen meiner verdienten, noch unempfangene Gage, richtig ausbezahlt mit 106. fl. darvon ich meinen Wührt bezahlte, und mit dem Ober-Rest über Utrecht, Arnheim, Wessel, Cöllen, Bonn, Cobelentz, Maintz, Franckfurt und Heydelberg, glücklichen und gesund widerumb in meinem Patria angelanget bin dem Lande

WURTEMBERG.

VERZEICHNIS

DER WICHTIGSTEN EIGENNAMEN UND ERLÄUTERUNGEN

(S. = Schiff, I. = Insel, J. = Jacht).

Adams-Brunnen, 88.
Adams-Pik, 44, 99.
Adelburst, 4.
Adigare, 49.
Affen, 67.
Afrika (S.), 130, 135.
Aldea, 52.
Alican, 47.
Alons (Amboinese), 105.
Ambayen, 60.
Amboina (I.), 33.
Amboinesen, 21, 22, 105, 106.
Ameisen, 72.
Amme, 52.
Amsterdam, 3, 143.
Analphabeten bei der Kompagnie, 34.
Angretotte, 47, 81, 82.
Anspeçada, s. Landspassaat.
Apetje, 52.
Apiun (Avion), 24.
Apohami, 49.
Aratschi, 45.
Areca, Areek, Arequa, 53, 88.
Aripo, 47, 89, 94, 96.
Asia (S.), 5, 8, 17, 20, 33.
Atjar, 30.
Ayuthia, 35.
Badju, 50.
Bähren, 65.
Bailadeiras, 45.
Bailador, 123.
Bairo, Don de. 131.
Baju, 50.
Bantam, 20, 27, 32, 36, 118.
Baptista, Jan, 115.
Batavia, 20 flg.
Batticalao, 47.
Beeck, Wouter van der, 122.
Bengalen, 119, 130.
Betel, 53.
Beylager, 37, 39.
Bibligamme, 47, 118.

Bicha Vergonha, 65.
Büsterfeld, Heinr. von, 82, 83.
Blutsäuger, 73, 81.
Borrowayen, 50, 55.
Brasilien-Holtz, 18.
Bucquoy, 45.
Büffel, 68.
Büffel, wilde, 64.
Cablin, 75.
Calture, s. Kaltura.
Candi, s. Kandi.
Caprigoy, 71.
Cardamom, 120, 121.
Caudingelle, 80.
Centopea, 72.
Ceylon, 27, passim.
Chalias, 50.
Chinesen, 21 flg., 30.
Christiansen, 119, 123.
Clebout (Major), 92.
Cleyer, Dr. Andreas, 32.
Cobra de duas cabeças, 71.
Cobra de capello, 71.
Cochin, 120, 121.
Colombo, 36, 43, 47, 58, 86, 99, 104, 121, 126.
  Id., Belagerung von, 58.
  Id., Dienst in, 104.
  Id., Kastell und Stadt, 126 flg.
Concubinat der Europäer, 124.
Coral, 49.
Cormandèl-Küste, 87, 91, 93.
Cortgene, s. Kortgene.
Costa, Branco da, 118.
Cotta, 46, 62, 131.
Couchin, s. Cochin.
Cral, s. Curral.
Curral, 46.
Darnaten, s. Ternate.
Dayoli, 95.
Diamant (Pünt), 21.
Dissave, 55.
Dopffershuetgen, s. Toppershoedje.

VERZEICHNIS DER WICHTIGSTEN EIGENNAMEN

Dort, Jan van, 26.
Dottia (Fährmann), 83, 86.
Dover, 8.
Downs, The, 7.
Duins, s. Downs.
Edelstein, 107 flg.
Elentiere, 67.
Elefanten, Siamesische, 35.
Elefanten, 60 b/z. 64, 91, 111, 112, 113, 114.
Elger, 38, 40.
Erasmus, Corn., 132.
Erdbeben in Amboina, 33.
Erdbeben in Ceylon, 111, 112, 113.
Europäer, Gefangene — in Ceylon, 54, 56.
Falckenthal (vgl. Volckenthal), 94, 121.
Faultier, 66.
Feigen, 19.
Fiderer, Hans Bernh. 44.
Fische, Fliegende, 10.
Fischnetze. 77.
Fledermäuse, 31, 69.
Flöhe, 72.
Frick, Jan, 130.
Frik, Christoph, 23.
Fünf-Finger-Fisch, 75.
Gala, s. Galle.
Galle Point de, 47, 48, 130, 133, 135.
Galture, s. Kaltura.
Ganges, 119.
Garneele, 79.
Geflügel, wildes, 68, 69.
Geflügel, zahmes, 69.
Gegenkaiser von Kandi, 86.
Gerritsen, Jan, 125, 134.
Gesandschäfte nach Kandi, 45, 82, 100.
Gesandte nach Kandi, s. Baptista, Büsterfeld, Bucquoy, Mierop.
Goa, 120.
Goens, Rycklof van, 27, 32, 47, 59, 137, 143.
Gong, 22.
Gorregorry, 30.
Gourwebel, 101.
Guntz, Tob., 87.
Hanwell, 47, 101.
Hangwelle, s. Hanwell.
Hartsinck, Willem, 22.
Hasen, 67.
Haye, De la, 47, 94, 115.
Hayfische, 14, 74.
Hecht, 75.
Hein, Gerrit, 125.
Heineman, Phil. 44.
Herman, Paul, 128.
Hermansen, Jakob, 86.
Hitland, 143.
Hirsche, 67.
Hochzeitfeier, 123 flg.
Hottentotten, 15, 16, 17.
Hulfft, Gerard, 58, 59.
Inseln, Kanarische, 10.
Inseln, Kapverdische, 10.
Jacatra, 31.
Jaccje, 51.
Jackhalsen, 65.
Jafnapatam, 67, 90, 91, 93, 95, 96.
Jagara, 52.
Jagerbäume, 52.
Jakob Evertsz (Fisch), 75.
Japan, 104.
Japara, 22.
Jonker (Kapitän), 27.
Joosje, 56.
Jostic, 56.
Kaalkop (Fisch), 79.
Kakatu, 136.
Kalpentin, 47, 87, 97, 116.
Kaltura, 46, 47, 80, 82, 83.
Kandi, 45.
Kap d. guten Hoffnung, 14 flg., 136 flg.
Kasuaris, 25, 29.
Kätze, Wilde, 67.
Katzenaugen, 108.
Kipersol, 123.
Kleyer, s. Cleyer.
Knox, Robert. 116 flg.
Kompagnie, Ost-Indische, 3.
Kompasstörungen, 25.
Konig (Leutn). 87.
Königs-Fisch, 75.
Konstabelskamer, 43.
Korale, 49.
Korle, 49.
Kortgene (S.), 5, 15, 17, 20, 130, 135.
Krabben, 76.
Kreuz, Süder, 139.
Kristall, 108.
Krokodil, 26, 69, 70.
Kuli's, 50.
Labberdaan, 142.
Lamammea, 74.
Landspassaat, 5.
Lant van Schouwen (S.), 137.
Lasjkaren, 50.
Leguan, 70, 71.
Leuer, s. Faultier.
Lontarschrift, 49.
Lootsmänner (Fische), 14.
Losi (Loja), 94.

VERZEICHNIS DER WICHTIGSTEN EIGENNAMEN

Lutz, Phil. Conrad, 92, 96.
Maetsuyker, Mr. Johan, 20.
Mainetts, 50.
Makassar (S.), 5, 8, 35, 36.
Malabaren, 56, 57.
Mallemeeuwen, 10, 40.
Mallevisch, 79.
Malvane, 47, 85.
Manar (I.), 47, 89, 90, 96.
Masius, Ds. 121.
Maskat, 138.
Massack, 44.
Matual, 45.
Mauritius (I.), 18, 137.
Meerläuse, 77.
Meerschweine, 76.
Meerteufel, 76.
Middelburg (S.), 137.
Mierop, 114.
Mocetaõ, 127.
Morell, 18.
Mucadon, s. Mocetaõ.
Muscheln, 77.
Mücken, 72.
Narrenfisch, 79.
Negapatnam, 91, 94.
Negombo, 47, 65.
Nordkaper (Walfisch), 14.
Nordstern, 139.
Nuttall, Stephen, 116 flg.
Odea, s. Ayuthia.
Oorlam, 40.
Orang bĕharu, 20, 40.
Orang lama, 40.
Oxlam, s. Oorlam.
Pager, 79.
Palankin, 83, 84.
Paliakata, 91.
Papageien, 68.
Parade in Batavia, 27.
Pardaõ, 34.
Perdau, s. Pardaõ.
Perl. (Pünt), 4.
Perlbank, 90, 96, 97, 98.
Perltäucher, 98.
Persing, 60.
Pfauen, 68.
Pfeilschwantz, 76.
Pferde, Wilde, 67.
Philips, Don, 93.
Pijl, Laurens, 92, 132.
Pijl, Pass. 93.
Pipeli, 119.
Plunderagie, Plunje, 43.
Point de Galle, 47, 48, 130, 133, 135.
Point Pedro, 95.
Poleman (Poolman), Chr., 22, 33.

Polman, s. Poleman.
Polrun, s. Pulu Rhun.
Polsbruck, s. Zuytpolsbroek.
Pondichéry, 94.
Porto Novo, 94.
Posthoorn (J.), 137, 139, 142.
Princen Eyland, 23, 36.
Pulu Rhun (S.), 35, 36.
Punta das Pedras, 47.
Quartier, Graf Moritz', 9.
Quartier, Prinzen, 9.
Rädern, 28.
Raubschiff, Türkisches, 11, 12.
Rentz, Heinr., 31, 85.
Robben-Eiland, 15, 138.
Rochen, 76.
Rootboll (Rotboll), 22.
Ruanwelle, 47, 101, 115.
Rubin, (Pünt), 21.
Rubinen, 108, 117, 118.
Ruyter, Herman, 23.
Saffragam, 82.
Saint Martin, Isaac de l'Ostal de, 22.
Sakèh, 104.
Samorim, 56.
Sandkriecher, 76.
Sanct Pilang, s. Sĕmbilang.
Sankt Helena (I.), 138, 139.
Sankt Thomé, 94.
Sapphir (Pünt), 21.
Sapphirstein, 108.
Sardellen, 75.
Scharbock, 40, 53.
Schieleute, 5.
Schiffsranzion, 9, 10, 37.
Schildkröten, 76.
Schlangen, 32, 71.
Schlangenbisz, 72.
Schlangenstein, 72.
Schlecht, Adam, 80, 83, 102.
Schlosser (Kap.), 90.
Schobersegel, 13.
Scholl, Alex, 124.
Scholten, Hans, 121.
Schout bij Nacht, 5.
Schrift der Cingalesen, 51.
Schrift der Malabaren, 57.
Schweine, Wilde, 67.
Schwerdfisch, 74.
Seekrebs, 76.
Seelen-Verkäufer, 3, 4.
Seeräuber, Französischer, 137.
Seferin, Nik, 124.
Segelfisch, 74.
Selund, s. Ceylon.
Sĕmbilang (Fisch), 77.
Siam, 33, 35.

VERZEICHNIS DER WICHTIGSTEN EIGENNAMEN

Sihattu's, 55.
Singhalesen, 48, 49, flg.
Sinquapalm, 34.
Sitavaca, 47, 101, 103, 105, 106, 107.
Sitavaca (Beschreibung), 105.
Sitzler, Jac. Bernh., 44.
Skorpionen, 72.
Smaragden, 108.
Soares, Lopo de, 46.
Sold. Ausbezahlung des, 33.
Sommer, Heinr., 45.
Speelman, Corn. 27.
Springhanen, 55.
Stachelschwein, 67.
Steinbock, 67.
Strassenräuber, 32.
Streithahnen, 110.
Sundastrasse, 19.
Suri, 31.
Swemmer (S.), 35.
Tak, François, 22.
Talpat (Tolipat), 49.
Tamboril, 124, 131.
Tang Salgato, 44.
Tennekol, 81, 85.
Ternate, 33.
Terries Bäume, 45.
Texel, 4, 5.
Tidore (S.), 5, 15, 17, 20.
Tifidor, 50.
Tiger, 65.
Tividor, 50.
Topasen, 108.
Toppershoedje, 23.
Trincomali, 47.

Trincomali (J.), 120.
Tutukorin, 100.
Tranquebar, 93.
Tschallias, 50.
Unglücksfälle, 129.
Unmeisen, s. Ameisen.
Utrecht, Sticht. (S.), 5, 24, 33.
Vatins Gasten, 50.
Velsen, Huis te (S.), 84.
Ventosa, Ventouse, 9.
Verhulstdonk, Herman, 97.
Vernie (Leutn.), 87.
Vieh, zahmes, 67, 68.
Vleugel, – s. 10.
Vlie, 143.
Vogel, Hans Ludw., 32, 36.
Volckenthal (vergl. Falckenth 94, 121.
Vorsten, 84, 130.
Vries, Ant. de, 132.
Vries, Margaretha de, 132.
Wandura, 66.
Wanny, 93, 95.
Werl, Gottfr. 133.
Wester Amstel (S.), 130, 134, 135
Wester-Küste Sumatra's, 33, 38.
Wight (I.), 8.
Wind und Witterung, 79, 80.
Windmühlenform, 91.
Wittebrunn, Joost, 124.
Witzenburg, Jak., 84, 131.
Zonbareel, 123.
Zubjens Gasten, 50.
Zucker Bier, 38.
Zuytpolsbroek (S.), 5, 35, 36.

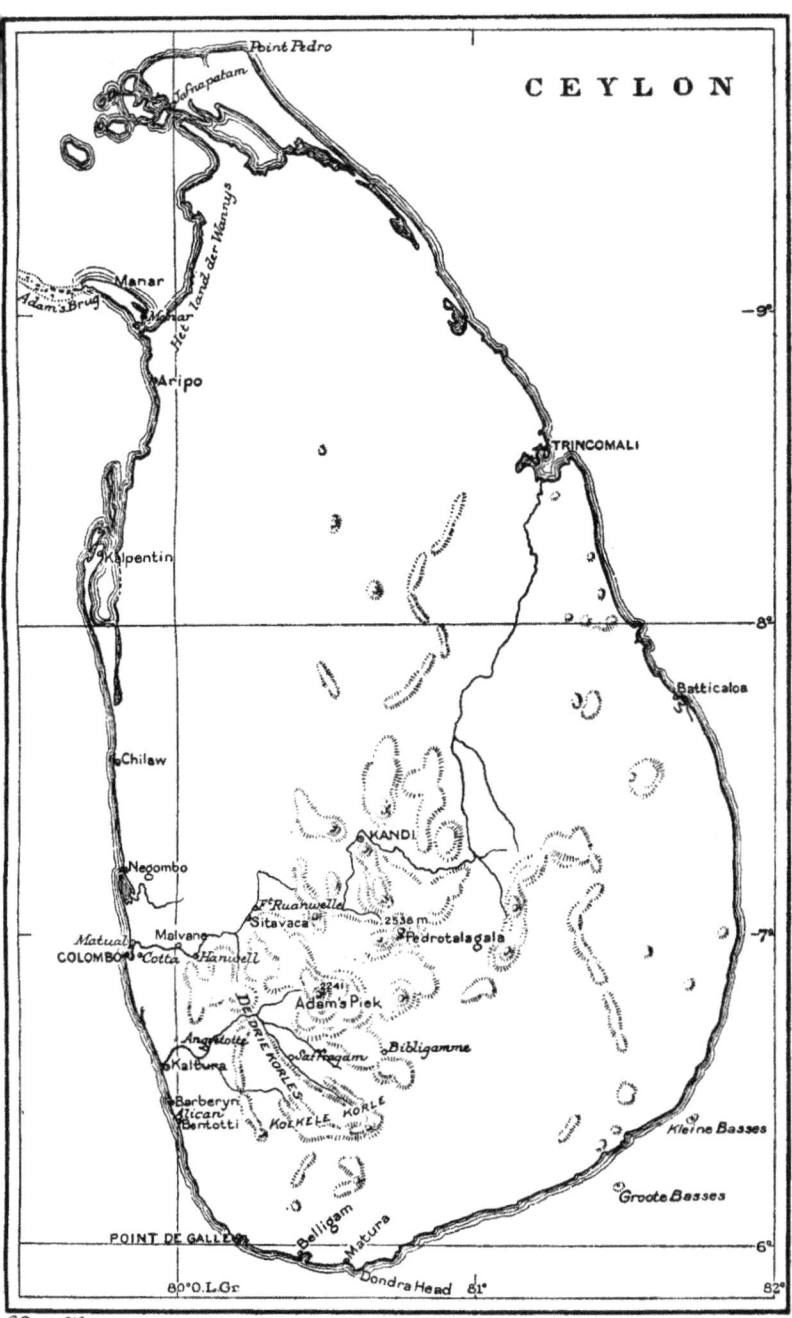

Ebenfalls im SEVERUS Verlag erhältlich:

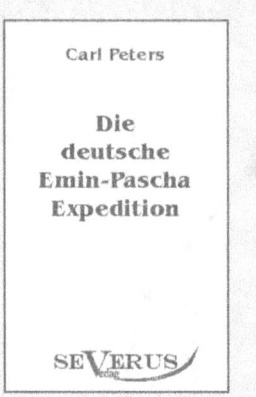

Carl Peters
Die deutsche Emin-Pascha-Expedition
SEVERUS 2010 / 488 S. / 39,50 Euro
ISBN 978-3-942382-49-6

Emin Pascha, bedeutendster Pionier der Erforschung Innerafrikas und Leiter der Äquatorialprovinz, wird durch den Mahdi-Aufstand von Ägypten und dem Sudan abgeschnitten. Im Jahre 1887 startet der Brite Henry Stanley eine Expedition, um den in die Enge getriebenen Emin Pascha zu befreien. 1888 erreicht die stanleysche Expedition ihr Ziel, doch zwischen Emin und Stanley kommt es zu Meinungsverschiedenheiten. Doch der Mahdi-Aufstand spitzt sich zu und Emin Pascha sieht sich gezwungen, seine Provinz aufzugeben und mit den Briten an die Küste zu ziehen.

Zeitgleich startet die deutsche Emin-Pascha-Expedition unter der Leitung Carl Peters. Die Hilfsexpedition führt über das Sultanat Witu nach Uganda bis hin nach Bagamoyo. Unbemerkt von der Tatsache das Emin Pascha und Stanley bereits auf den Weg zur Küste sind, setzt Peters begleitet von Adolf von Tiedemann seinen Weg in die Äquatorialprovinz fort. Das vorliegende Buch ist die spannende und mitreißende Dokumentation Peters Reise - die jedoch nicht unumstritten blieb: blutige Kämpfe mit den Eingeborenen und der Raub von Viehherden zur Ernährung seiner Mannschaft brachten Peters mit seiner Expedition in Deutschland viel Kritik ein.

www.severus-verlag.de

Ebenfalls im SEVERUS Verlag erhältlich:

Ludwig Külz
Tropenarzt im afrikanischen Busch
SEVERUS 2010 / 340 S./ 29,50 Euro
ISBN 978-3-942382-48-9

1902 macht sich der Mediziner Ludwig Külz auf in den Togo, damals deutsche Kolonie, um dort als Tropenarzt zu arbeiten. Von unterwegs schreibt er Briefe, in denen er ausführlich das dortige Leben, die für ihn faszinierende Tier- und Pflanzenwelt sowie die einheimische Bevölkerung beschreibt. Külz scheut sich nicht vor engem Kontakt zu den Togoern, lernt so ihre Kultur und ihre Traditionen zu schätzen. Dennoch unterscheidet er klar zwischen sich und den Afrikanern und spricht von seiner Mission als „Erzieher" der Togoer. Sein Fazit: „Afrika ist das Land der Widersprüche, des Werdens, der Neugestaltung, der inneren und äußeren Gegensätze [...] Es kann keine interessanteren und eigenartigeren Landschaftsbilder geben als die afrikanischen, aber auch die trostlosesten und langweiligsten Einöden sind hier zu finden. Nirgends brennt die Sonne heißer als in Afrika, und nirgends kann man erbärmlicher frieren als hier."

Seine Frau entschied sich, seine Briefe zu veröffentlichen, da er so genau und unvoreingenommen wie kein anderer vor ihm die Situation in der Kolonie Togo beschrieb. Seine Briefe überlieferten neues Wissen über Tropenkrankheiten, das dortige Klima und die Hygiene nach Deutschland und waren darüber hinaus wegweisend im Bezug auf die Definition des Berufs des Tropenarztes.

www.severus-verlag.de

Ebenfalls im SEVERUS Verlag erhältlich:

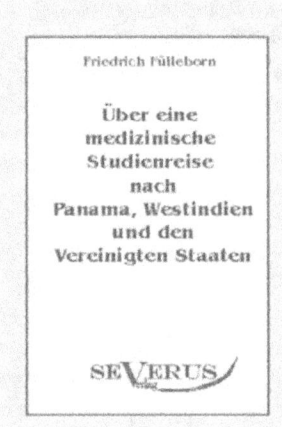

Friedrich Fülleborn
Über eine medizinische Studienreise nach Panama, Westindien und den Vereinigten Staaten
SEVERUS 2010 / 76 S. / 19,50 Euro
ISBN 978-3-942382-47-2

Friedrich Fülleborn (1866-1933) war ein deutscher Tropenmediziner und Naturwissenschaftler. Der vorliegende Band dokumentiert seine im Sommer 1912 getätigte Reise zum Panamakanal, zu den westindischen Inseln und in die Vereinigten Staaten von Amerika. Sein Augenmerk ist hierbei klar auf die Bekämpfung von Tropenkrankheiten und Seuchen sowie deren Prävention gerichtet. Behandlungsmethoden werden von ihm genauso beleuchtet wie die unterschiedlichen Arten der Mückenbekämpfung. Die „Schaffung gesunder Verhältnisse" – das war sein Ziel, seine detailgetreue Dokumentation ein wichtiger Beitrag zur Entwicklung der modernen Tropenmedizin.

www.severus-verlag.de

Ebenfalls im SEVERUS Verlag erhältlich:

Rudolf Cronau
Drei Jahrhunderte deutschen Lebens in Amerika
SEVERUS 2010 / 640 S./ 59,50 Euro
ISBN 978-3-942382-31-1

Rudolf Cronau hatte einen Traum: Er wünschte sich eine dokumentierte Geschichte des nordamerikanischen Volkes unter Berücksichtigung der Geschichte aller daran beteiligten Völker.

Seinen persönlichen Beitrag hierzu hat der ursprünglich aus Leipzig stammende Maler und Journalist jedenfalls erfolgreich geleistet:
Mit dem vorliegenden Band legt er ein monumentales Werk deutscher Auswanderergeschichte vor. Beginnend mit der Kolonialzeit bis hin zum Anfang des 20. Jahrhunderts skizziert er detailliert die Teilhabe und den Einfluss deutscher Auswanderer sowie ihrer Nachfahren an den unterschiedlichen Aspekten der Entwicklung der nordamerikanischen Kultur.

www.severus-verlag.de

www.ingramcontent.com/pod-product-compliance
Lightning Source LLC
Chambersburg PA
CBHW051526230426
43668CB00012B/1759